西国将軍

# 池田輝政

姫路城への軌跡

中元孝迪

神戸新聞総合出版センター

目次

## 第三章 関ヶ原での大飛躍——家康とともにした壮年期



## 第四章 世界遺産の創造——姫路で異能を開花

## 第五章 「心」に分け入る――天狗の正体、城の妖怪、言行録…



＊「池田輝政」の名前は、幼名古新から照政へ、さらに姫路入り後しばらくして輝政と表記を変えているが、本文では便宜上、特別な場合を除き「輝政」で統一した。

プロローグ

# 美しき白皙の防波堤――西国将軍の姫路城

平成二十七年三月、平成の大修理を終えて姫路城が〝グランドオープン〟した。修理中、工事現場を覆っていたシートが、その一年ほど前から取り除かれ、五重、四重…と大天守上部から順に修理後の姿が現れるたび、その際立った白さに多くの市民は目を奪われた。五年ぶりとなる大天守全体の姿が、あらためて満天下にさらされると、さらに驚きが広がり、異様な白さに「白すぎる」「白すぎ城」という非難とも驚嘆ともつかない声が市内はむろん全国から上がった。

もっとも、ちょうど半世紀前、昭和の大修理を終えたあとの天守台の白さは、大天守、小天守ともに塗り替えられ、平成の白さとは比較にならないほどの輝きを見せていた。白とは、こんなに美しいものなのか、とあらためて思うが、この白さこそが、江戸幕府の屋台骨を支える有力大名の一人として姫路城主となった池田輝政の目指した城造りの根幹を成しているのである。

より白く、より美しく――輝政は、新しく姫路城を築くに当たって、ことさら「美」にこだわったようにみえる。全体構想から、細部に至るまで、可能な限り美しく仕上げたいという、強い

グランドオープンして輝く姫路城

意思が読み取れるのだ。「美」のポイントは、大きく分けて三点。一つは、天守群の「全体構造」。二点目は、天守閣の「スタイル」。三点目は、「色」である。美へのこだわりについては、他にも、例えば「扇の勾配」や「気勢いのカーブ」といった石垣構造をはじめ、門、櫓、渡り廊下、土塁、壁など城の無数のパーツからも見て取れるし、また、城郭建築では極めて珍しい書院造の手法を用いることによって比類のない品格を演出しようとする試みも推測できる。さらにこれらのパーツの重層的な配置など、多くの画家たちが画材として好む美しい空間が突出して多く見受けられる。姫路城ならではの総合的な美しさをあらためて思う。

なぜ、そこまで美にこだわったのだろう

か。輝政が目指した築城思想とその背景については、終盤に考えることとして、ここではまず、姫路城の、どこがどう美しいのかということについて、前記三つの側面から検証してみよう。

## 「照政」から「輝政」へ

輝政は幼名を古新といい、その後、天正八年（一五八〇）、十七歳になって以降、「照政」を名乗った。この年、織田信長に反した荒木村重を、父・恒興、兄・元助とともに攻め、荒木氏の兵庫・花隈城を落とすという手柄を立て初陣を飾った。この働きで、古新は武勇に優れた若者として周囲から認知され、大きく飛躍するきっかけをつかんだ。そして、元服、改名したのだろう。この、「照政」という名は、関ヶ原合戦直後まで、二十年にわたって使っている。

慶長五年（一六〇〇）、関ヶ原合戦の論功行賞で姫路に入封してからも、当初は「照政」を使っていたが、すぐに「輝政」と自署するようになった。播磨五十二万石の太守になったのを期に、心機一転の改名だったのだろうが、なぜ、「照」から「輝」へ変えたのか。「照」も「輝」も、「明るく光り輝く」という意味だが、一般的には、「照」は周りが明るくなる、明るくするといった場合に使うのに対し、「輝」は、自らが光り輝く、きらきらするというイメージが強い。「照」から「輝」への改名経緯については、推測するしかないが、恐らく、「輝政」とすることで、「より強く自らが輝く」という自身の強い願望、意気込みを表していると考えたい。

この意気込みを表すように、輝政は〝西国将軍〟として新しい姫路城の築城に取り掛かった。三河吉田(愛知県豊橋市)から姫路入りした翌年、慶長六年(一六〇一)のことである。

## 初の連立天守──革新的デザイン

池田輝政という武将は、元来、きれいなお城を作ることに執着していた節が見受けられる。姫路入封前、三河吉田での城造りを見ると、このことがよく分かる。吉田城は、正方形に区切られた城地の四隅に、三重の櫓(小天守)が建つ。通例では天守閣が建つはずの城地の中央部には何もなく、意識的に広い空間を作るという独特の設計が施されている。現在は「鉄櫓《くろがねやぐら》」と呼ばれる櫓一棟だけが復元されているのだが、この空間を取り囲んで、小ぶりながら、美しくスマートな櫓が四基立つ姿を想像すると、輝政の美意識が透けて見えてくる。

こうした築城コンセプトをさらに発展させるように輝政は、新しい姫路城に独特のデザインを施した。それが、「連立天守方式」だ。普通、お城というと、天守台の真ん中に大天守閣が一棟、単体で立っているものだが、こうした常識を大きく打ち破り、大小複数の〝タワー〟で天守群を構成したのである。

海抜四十五メートルほどの姫山山上には、それまで羽柴(豊臣)秀吉の建てた三重の姫路城があった。これを取り壊し、新たに西国将軍の居城にふさわしい城郭を築くのだが、この、小山に建つ、いわゆる「平山城」の見栄えが最もよくなるスタイルは何かと考えた結果が、連立天守だったのだ。城下の人々が、「平山城」を見る目線は、高い山地に建つ「山城」を見る険しい目線とも違う。平地に建つ「平城」を水平に見るフレンドリーな視線とも違う。少し上向きに見上げる。そんな仰角目線の先には、フレンドリーな上スマートで美しく、それでいて威厳に満ちた城影が出現するはずだ。輝政は、そう考え、これまであまり目にしたことのない新しい天守デザインを創り出したのではないか。

連立天守方式とは、天守台の真ん中に大天守閣を据え、これを取り囲むように東、西、乾（北西）の各角に小天守を配し、四つの大小天守を統合、連立させて「天守群」を形成する。城郭建築におけるデザイン革命ともいえる。

連立した天守群は、城郭全体に荘厳さ、壮大さ、重厚さ、威厳といったイメージを強く印象付けている。また、平地から小高い山上を見上げると、大小の屋根越しに、軽快で、踊るような天守群の複雑なスカイラインが浮かび上がってくる。一般の城郭が、大天守閣単体で建てられ単純な構図を描くのとは、大きく趣を異にしている。連立の発想は、四隅に櫓（小天守）を置くという吉田城の築城コンセプトにも通じよう。

## 望楼型と層塔型

大小天守を連立させることで、お城の壮大さ、存在感がより強まることは、それでいい。それでは、メーンの大天守閣をどう造るか、どんなデザインとするか。輝政は、あらためて大天守閣設計の考察に入った。

日本の城郭建築における天守閣様式は、大きく分けると「望楼型」と「層塔型」に分類され、両型とも、それぞれ前期、後期に分けられる。

「望楼型」というのは、大まかに言うと天守閣の下部（一、二階部分）と上部（三階部分・望楼）を別々に組み立て、この二つのパーツを積み上げたものをいう。高層建築技術がまだ完成しておらず、一気に一つのタワーとしての天守閣を建ち上げられなかったのだ。この城は、例えば織田信長の安土城のように、極端に言うと天守の下部と上部が二つに分かれ、上部が突き出ていて、いわば見張り台のように見える構造だ。

これに対し「層塔型」は、一階から最上階までを単一体、いわば五重塔のように建物全体をユニットとして立ち上げた天守閣をさす。高層建築技術が大きく進歩した結果、天守閣の全体構造が統一され、一つの塔として一体化した外観を呈するのである。

姫路城は、松江城、熊本城などとともに後期の望楼型に分類される。ちなみに、前期望楼型は安土城、岡山城、前期層塔型は名古屋城、後期層塔型としては江戸幕府が建てた元和期江戸城、寛永期大坂城などが代表例である。

輝政の時代は、望楼型の建築技術が頂点に達した頃で、次の層塔型技術へ今まさに移行しようとする時期に当たる。望楼型、層塔型、どちらが美しいのかは、一概に決めかねる。ただ一般的には、新しい層塔型は各階の幅、高さ等の均整が取れすぎていて、単調なスタイルの外観を呈するのに対し、古い望楼型は階ごとに独立して設計されることもあって、ある意味変化に富んだ外観が出来上がることになる。

## すっくと立つ天守―抜群のスタイル

姫路城天守の設計は、その過渡期の技術をたくみに取り入れることになった。その上で輝政は、「城郭の美」という課題を付け加えた可能性がある。

その結果、大天守閣正面が、独特のスタイルを持って建ち上がった。現在の姫路城は、地下一階、地上六階の〝ビル〟なのだが、外観は五重、つまり五階建てに見えるように造られている。これらの階、重がどのような比率で造られているかを示したのが次の表である（床面積比較のカッコ内は一階を1としての割合＝『姫路市史』一四巻等を基に筆者が算出）。

姫路城の床面積、軒高がどんな比率、高さで変化しているかを示したものだが、整合性のなさと同時に、上階に行くほど極端と言っていいほどに狭く、高くなっていく様子がよく分かる。床面積の逓減率、つまり大天守正面の横幅のすぼまり具合、あるいは軒高についても、法則や一定性はないけれど、個々のパーツが一見ばらばらのように見えながら、それらを統合して全体としてみると、バランスが取れている。

ちなみに、名古屋城や江戸城など層塔型の軒高を見てみよう。名古屋城では四階までほぼ均一、最上の五階のみが姫路とは逆に低くなっている。江戸城では一～三階はほぼ同じで、四、五階がやや低い。一口で言えばある意味、均整は取れているが、ずんぐりとした大振りなボディーである。一方、前期望楼型の安土城は、小さな望楼が下層階の上に〝チョコン〟と乗っていて、

**姫路城各階の床面積と軒高**

| 各階床面積比較（㎡） | | 軒高（外観m） | |
|---|---|---|---|
| 6階 | 97・7（0・21） | 5重（最上階内部6階） | 6・0 |
| 5階 | 179・9（0・39） | 4重（内部4、5階） | 5・6 |
| 4階 | 216・2（0・47） | 3重 | 5・2 |
| 3階 | 321・1（0・69） | 2重 | 4・4 |
| 2階 | 457・7（0・99） | 1重 | 4・7 |
| 1階 | 464・3（1・00） | | |

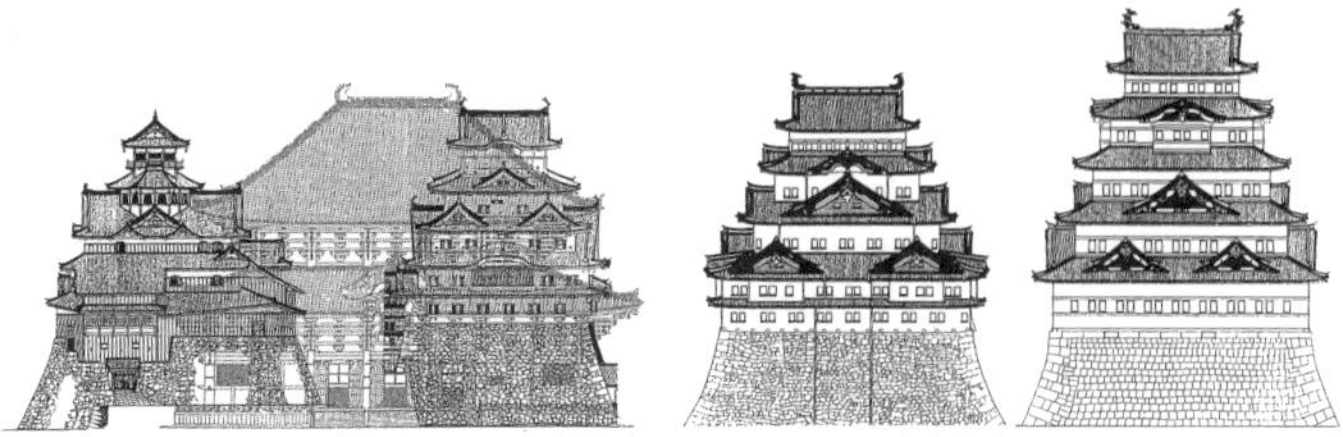

各城バランス比較（『姫路市史』）

いかにも不安定である。

大天守のスタイルを決める要素として、もう一つ、大天守の高さと、それを支える石垣との高さ比率について見てみたい。姫路城の場合、石垣高一四・九メートル、大天守三一・五メートル。石垣高を一とすると大天守はその二・一倍。石垣は、大天守閣の半分の高さなのだ。これに対し安土城の石垣と大天守の高さ比率は一対二・五、名古屋城は一対二・九、江戸城は一対三・三。いずれも大天守閣の高さが、石垣の高さを大きく上回っている。大天守本体に比べ、それを支える石垣がまことに貧相に見え、大天守閣全体のスタイルがバランスを失しているのである。

輝政の設計意図について語るものは何も残されてはいない。が、少なくとも、壮麗さを強調し、美しく見せようという思いを秘めて建てようとしたことは容易に想像できる。単なる偶然だけでは、抜群のスタイルを持つ天守閣の建築などできるわけがない。富士山のような美しい裾野と山頂を持って、「上すぼみ」で瀟洒な雰囲気を醸し出し、「すっくと立った」城影の創造を企図するという強い意思があったことは間違いないだろう。

こうした輝政の思いに加え、城郭建築技術が、望楼型から層塔型へと変化する、その節目に当たったことも、姫路城の美しさがひときわ輝いていることの理由にもなるだろう。最も進んだ望楼型技術と、未完の層塔型技術を同時に取り入れ、ぎりぎりの安全構造を満たそうとしたのだろうか。その結果、構造上の問題は別として、世にも美しいスタイルが誕生したということもできよう。

大天守閣各階の横幅、高さについては、いずれも、正確な法則性はない。勝手に幅や高さを決めたように見えるのだが、そこには、新旧技術でなしうる限界を求めて新しい城造りに挑戦したという意気込みのようなものも見え隠れする。そして、きちんとしたバランスが取れているようで取れていない微妙な各階比率を持ったタワーが出来上がった。この不均衡の比率が、見た目の美しさ、抜群の城郭スタイルを出現させたのである。

## 「色」の革命──真っ白の魅力

天守群のスタイルは決まった。続いて輝政は、最後の仕上げ、天守閣の色を決める作業にかかることになる。

関ヶ原合戦までの城あるいは館の色は「黒」と相場が決まっていた。戦国期の城郭は、相手方から見えにくくする必要があった。例えば、当時、最大の城郭である羽柴（豊臣）秀吉の大坂城。昭和初期に復元された現在の大阪城は白い部分もあるが、これは、秀吉の大坂城とは違って、元和元年（一六一五）、大坂夏の陣以降に徳川政権が建てた城を模して再建されたもので、もとの大坂城は屏風図にあるように「黒い城」であった。

関ヶ原合戦後、幕府を開いた徳川家康は、権力拠点として江戸城を築くのだが、その大天守閣は白漆喰で真っ白く塗り上げた。慶長十二年（一六〇七）に完成した白い江戸城は、黒い大坂城に対抗したものだとされる。

色には、イメージがある。色彩心理学的にいえば、例えば「赤」は情熱、革命、「紫」は高貴、「緑」は平安、「黒」は力、悪——といったふうに、それぞれの色からは特別の感情が湧き起こってくる。

それでは「白」はどんなイメージを持っているのか。一般的には「清廉」「潔白」「無防備」というところだろうが、実は、白には、「すべての色を超越した至上の色」という定義もある。つまり、根源的に最も美しい、ということなのである。古今東西、ことに日本人は、白く輝くものに崇高な感情を抱いてきた。平安期には、白重ねの白衣は「いとなまめかし」などと表現された。「美の象徴」としての白色に特別な感情を抱いてきたのである。

家康が、そうした美意識を持って江戸城を建てたのかどうか、よく分からない。江戸城を美しく造るというより、大坂の黒に対するアンチテーゼとして白を選んだというほうが、いかにも家康らしく思える。

同時期、輝政も、江戸城築城に駆り出されながらも、新しく姫路城天守閣の仕上げに取り掛かっていた。正室・督姫の父である家康の思いを取り込んだかどうか、姫路城も同じく、白漆喰総塗籠造という最新の技術で瓦の目地までをも含め真っ白に塗り籠めた。江戸城完成から二年後、姫路にも、「さらに白い城」が姿を現した。こうして、江戸と、姫路に、日本では初めての「白亜の城」が建ち上がったのである。

輝政は、なぜ、白色を選択したのか。確かに、当時、白漆喰の大量生産が可能になり、白壁製作が容易になったこともあろう。江戸城と呼応するためとも言えよう。家康が池田家の財力をそぐために高価な白漆喰を使わせたという穿った見方もある。しかし、石垣や、品格にまでこだわり「より美しく」という輝政の築城コンセプトを考えると、白漆喰は、西国将軍の積極的な選択と言っていい。

姫路入封のあと、自ら輝くようにと改名した輝政は、城郭の色彩革命に成功し、姫路城を世界に輝かせたのである。

# 第一章

# 「古新」誕生から元服へ

## ―信長に見出された幼少期

# 1　「古新」――幼名に重なる思想と行動

姫路城は、〝白いオーラ〟に包まれた世界の名城である。

その、痛いほどの白い輝きを満天下に放ち、見上げる人々を驚かせたことが、築城四百年の歴史のなかで、三度ある。

まず、直近の平成二十六年から二十七年にかけて。平成の大修理を終え、工事用足場と防護用シートが取り払われた時である。五年ぶり、大天守閣が次第にその姿を現すにつれ、「白すぎる」という声が上がった。

その前が、昭和三十九年三月。ちょうどその半世紀前、昭和の大修理を終えて、天守群を覆っていたトタンの素屋根が取り外された時のことだ。この時は、三つの小天守、渡り郎下も含め天守閣群全体が、〝白気〟のようなものを発散し、白く輝いていた。個人的なことで恐縮だが、四年間の学生生活を終えて故郷での就職を決めて姫路に帰ってきた時のことだった。新生活が始まることとも重なって、その白いオーラに感動し、勇気のようなものすらもらったことを覚えている。

池田輝政（書写山圓教寺蔵）

そして、最後は四百年余り前。慶長十四年（一六〇九）十月、五重六階地下一階の大天守閣を中心にした姫路城天守群が竣工した時である。白漆喰で天守全体を塗り込めた、見たこともない「白いお城」は、城下の人々を驚かせ、その評判は日本中へと広がっていく。関ヶ原合戦の後、「播磨宰相」「西国将軍」ともいわれて姫路に入封した池田輝政（輝政の名前表記については、姫路入り直後まで照政とされていたが、便宜上、本文中は原則として姫路時代の表記「輝政」とする）によって、この城は建てられた。「城は黒いもの」という戦国時代の常識を打ち破り、正反対の「白い城」にこだわり続けたフシがある。こうした建築コンセプトから、新しい時代を、自ら切り開こうとする、池田輝政という人物の強い意思を読み取ることができる。

輝政は、織田信長、羽柴（豊臣）秀吉、徳川家康という戦国の三巨人の元で成長するのだが、単なる一武将ではなく、時代の歯車を動かし、天下の行方を大きく左右してきたという事実は無論のこと、何よりも、わが国初の世界文化遺産・姫路城の築城者であるとの事実を見逃してはならない。歴史の主役、主人公の一人として、戦に明け暮れた戦国期から江戸初期の〝非戦の時代〟を生きた輝政の生涯をたどりつつ、その評価を見直してみたい。

## 戦国の清須城で誕生

池田輝政は、永禄七年（一五六四）十二月晦日に、尾張・清須城で生まれた。幼名は、古新。父は、織田信長の家臣・池田恒興。その二男坊である。五歳年長の兄・元助と、六歳年下の弟・長吉がいる。

「古新」という幼名は、珍しい呼び名だが、これには訳がある。十二月晦日という誕生日に由来する。その誕生の日に、「門付け」つまり、正月の縁起囃子を舞い語るために、「万歳」の一行が清須城を訪れていた。父の恒興は、彼らに、めでたい名をつけてくれと頼んだようだ。後に編まれた『池田家履歴略記』（以下『略記』）にこんな記述がある。

「美濃万歳おりふし清洲に参り居りしに、御名つけまいらせよと仰せごとありければ、古新君という御名をまいらす。これ年内立春の御誕生なればなり」

現在の暦ではありえないのだが、旧暦では、暦の巡り合わせでその年の内に、立春——つまり新年を迎えてしまうことが結構あった。

古い年なのに、新しい年を迎えてしまう。この〝特別な日〟については、古来、多くの人々が珍しがって関心を寄せており、よく歌に詠まれている。「古今集」に在原元方の有名な歌がある。
「ふる年に春立ちける日よめる
　年の内に春は来にけりひととせを
　　去年《こぞ》とやいはむ今年とやいはむ」
（今）年のうちに立春が来てしまった。その今日は、去年といっていいのか、はたまた今年といっていいのだろうか……と不思議がった古歌である。古い年なのか、新しい年なのか、よくわからないそんな日に、たまたま生まれたという巡り合わせを、美濃万歳は「古新」という巧みな言葉で表現し、この男児の名に刻んだのである。古い年の中にも新しい息吹を感じる——恒興も、そんな前向きの心中をかみ締めていたかもしれない。
「古新」の誕生地、清須城跡はいま、信長・濃姫像で知られる「古城跡公園」となっており、公園の向かいに

新しく建てられた清洲城模擬天守＝清須市朝日屋敷町

川を挟んで新しい清洲城模擬天守が建てられている。

## さまざまな〝誕生譚〟

実は、輝政の生誕については種々の説があり、明治三十三年（一九〇〇）に出版された『新撰美濃志』にはこう、記されている。

「永禄七甲子十二月晦日、小牧において一身の半を生ず、翌乙丑正月朔日にいたりて全く安産す、故に稚名を古新丸といふ、其時生年の論ありて、子年にせんや、丑の年にせんやと、評議決せずして、八幡宮へ御鬮を乞われる、則社司、子年の御鬮をとりてぞさだめける」

これによると、輝政の生まれは小牧城となる。永禄七年子年の最後の日の夜に陣痛が始まり、やがて半身が現れ、新年つまり永禄八年丑年の元旦に無事出産が終わったという。まことに細かな描写だが、その後の話もドラマ仕立てで書かれている。子年から丑年にかけての出産なので、干支で言うと何年生まれなのか、という議論になった。決着が付かないので八幡神社の宮司に鬮《くじ》を引いてもらうことになった。その結果、子年、つまり永禄七年生まれとなったと記している。

輝政誕生については、もう一つ異説がある。昭和二十四年編の愛知県知多郡上野町（現東海市）の『上野町史』に記載されているもので、町内の旧荒尾村に残る家系図や伝承から、輝政の生まれを永禄九年十二月晦日とし、出生地は、この荒尾村にあった平島城だとする。誕生日は同じだが、出生年と場所が違っている。

荒尾村というのは、知多半島の付け根、旧荒尾荘の中心集落で、在原業平の末裔を自称する荒尾氏の支配地だった。一族は木田城（現東海市大田町城山）に居て勢力を張り、谷筋の平島、清水などといった荘園内集落を統括していた。そのうちの平島城には、池田一族がいて、輝政の父・恒興が在城していたとされる。両城とも、海抜二十メートルほどの小山だったようだが、いまは城域と思われる山頂部分が開削され城の面影はない。木田城跡に接するように建つ氏神「天尾神社」が、かすかに城の存在をうかがわせているだけだが、この木田城から北へ二キロほどのところに平島城があったという。後述するように、池田氏と荒尾氏は〝因縁めいた〟関係を築くのだが、そうした近しい関係から、輝政がこの平島城で生まれたとの誕生譚も成立したのだろう。

戦国武将にはよくある誕生秘話だが、通説としては、江戸幕府編さんの『寛政重修諸家譜』によって、輝政は、永禄七年、清須生まれとする。いずれにしても、十二月晦日の生まれで、新・旧の年の狭間で生まれたことになっていて、古新という名のいわれについては、ほぼ一致している。

## 「尾張動乱」と池田家

輝政の生まれた戦国時代後期、播磨の政治状況が混沌としていたように、尾張の情勢も複雑であった。輝政誕生の背景には、この混乱した尾張の政治状況が大きくかかわっているのである。

中世的政治システムが崩壊していく天文年間（一五三二――五五）。尾張国では、守護職にあった斯波氏の勢力が衰え、上四郡（岩倉城）と下四郡（清須城）を、それぞれ岩倉織田氏、清須織田氏という二系統の織田氏が押さえ、守護代として権勢を振るっていた。この頃の尾張、ことに知多地方（現東海市とその周辺）の豪族たちは、清須織田氏と、隣国・駿河から侵攻してきた今川氏の間で、生き残りをかけ、厳しい政治的、軍事的選択を迫られていた。

例えば、先述した木田城主の荒尾氏だが、空善、善次、善久と続く当主たちは、今川に付いたり、織田に付いたり、綱渡りの同盟関係を続けていたと推測される。こうした状況下、天文二十二年（一五五三）、輝政の生まれる十一年前の事になるが、下四郡の守護代であった織田信友が、清須城内で守護の斯波義統を謀殺するというクーデターを起こす。

父を討たれた義統の嫡男義銀は、守護職を継いだものの、以後、那古野（名古屋）城にいた織田信長を頼った。信長は、下四郡の守護代を務める清須織田氏の庶流で、父の信秀の頃から、主君である主家の信友をもしのぐほど勢力を伸ばしていた。信長はその信秀から十八歳で家督を継ぎ、父同様、野心をみなぎらせていた。主家・信友の〝謀反〟で、信長の野心はさらに強くなる。守護・斯波家からの救援依頼を受けた信長は、翌天文二十三年、信友を討つ。さらにその翌年、自ら清須城に入城した。信長は、那古野という支城の城主から、尾張の中心で守護の居城・清須城の〝主〟となり、政治的基盤を固め、存在感を高めていく。家臣団も清須に移るのだが、側近中の側近ともいわれた池田恒興もその中に居たのだろう。

清須に入った信長だが、やがて弟の信行との間で不和が生じる。弘治三年（一五五七）、信行が織田家の実権を握ろうと策謀を企てた。気付いた信長は、仮病を装って信行を清須の寝所に招じ入れ、三人の刺客に信行暗殺を命じた。しかし、寝所での殺害に失敗し、部屋の外に控えていた恒興が、逃げる信行を追い、殺害したといわれる。

「おりふし、護国公（恒興）廊下に伺候して居たまいけるが、武蔵守（信行）を引きとらえ、三刀さして殺し給う」（『略記』）

恒興は、三度、信行を刺した。その刀は、少し細めであったため、鞘に収まらないほどに曲がったと伝えられる。

この、暗殺された信行の内室が、実は、荒尾家の当主・善次の娘であったという。織田、今川の狭間にあって苦慮した挙げ句、この時は織田方とのよしみの証として、娘を信行に嫁がせていたのだった。しかし、織田家の内紛に巻き込まれ、娘は信長勢から逃れる様に清須城脱出を図った。信長は、この娘を〝政治利用〟しようとした。

「信長公、護国公（恒興）に人数さし添え、かの内室を途中にて奪い取りて帰るべしと下知あれば、護国公道路に出向かい奪い取りてぞ帰り給う。信長公斜めならず悦び、則かの内

輝政の父・池田恒興（鳥取県立博物館蔵）

室を護国公に下され、直ちに汝の妻にすべきよし仰せある」（『略記』）

信長は、恒興にこの敵将・信行の妻を〝略奪〟せよと指示し、成功するや、大喜びですぐに「お前の妻にせよ」と恒興に命じたのであった。妻は身重であったという。恒興は固辞したが、信長の意図は、明確であった。敵将の内室と、生まれてくる子を自陣に取り込めば、荒尾方、清須（信行）方の恨みも和らぐというのである。「敵を変じて味方となし、刀に血ぬらずして両城を服せんことは大切なり」（『略記』）と説き伏せ、恒興もやむなく異例の婚姻に応じたという。

こうして、荒尾の娘——後の善応院は、戦国女性の悲劇そのまま、恒興と結ばれることになった。そして、二人の間で、二男坊として生まれたのが、古新・輝政なのである。

## 古新、母方荒尾家の養子に？

清須で信行を討ち、尾張下四郡の支配を固めた信長は、二年後の永禄二年（一五五九）、上四郡を治める守護代織田信賢の岩倉城を攻め滅ぼし、尾張全域を支配するに至った。

一方、信長の勢力拡大を懸念する駿河の今川義元は、織田を討つべく大軍を率いて尾張に進攻する。永禄三年（一五六〇）、信長は、清須城から出陣、熱田神宮で祈願の後、桶狭間に突進して義元の首を取った。この今川迎撃に当たって、織田方諸将が逡巡する中、ひとり恒興が即刻出陣を主張し奇襲に成功したといわれ、直後の論功行賞で、十三十人の将に出世している（『略記』）。同時に、有力家臣もつけられたが、その中に伊木清兵衛がいた。のち、輝政の姫路城造営に当たって壮大な縄張りが施されるが、それに深く関与する人物である。

その後、信長は、今川家での人質生活から解放された岡崎の松平元康（徳川家康）と同盟を結び、東方の守りを万全にしつつ、美濃攻略に備え、本拠を清須から小牧へと移した。永禄六年、輝政の生まれる一年前のことだ。続いて同十年、斉藤龍興の稲葉城を落とし、美濃全域支配にも成功。同時に、この地を岐阜と改めた。天下統一の野望を掲げ「天下布武」の印章を使い始めるのはこの年十一月からである。

この間、尾張の小城主たちは、なお去就に苦慮するという時代が続く。善応院の里である木田城主・荒尾善次は、前述のごとく、当初は織田方に与していたのだが、今川の尾張進攻が始まると、今度は、東部の多くの小領主らとともに今川方に付いたようだ。このため、桶狭間以降は、善次と信長との関係が悪化しただろうことは容易に想像できる。善次は、実子・善久がいたにもかかわらず、信長に恭順の意を示すため自ら出家。娘が新しい夫・恒興との間に生んだ池田家二男で七歳になった古新を、荒尾家当主として迎え入れ、お家の存続を図ったといわれる。

この話は、先述の『上野町史』に、地元の伝承、家系図を根拠にして記されているのだが、荒尾家が木田城に、池田家が平島城にいたとするなら、二キロという近距離に位置する両家は、こうした縁組を通じて関係を結んでいたと推測はできる。なお、荒尾一族は、池田家が姫路、鳥取、岡山などへの複雑な転封を重ねる中、重臣として常に家中で重きをなした。ことに鳥取池田家においては、二系統の荒尾氏が、倉吉と米子という因幡・伯耆の重要拠点の城代を任され、明治維新を迎えている。輝政以来、池田と荒尾、両家の深い関係が続いていたわけである。

## 「新旧」時代の局面を開く

ところで、この「古新」という風変わりな幼名だが、あらためて輝政の歴史的立ち位置を語るとき、奇しくもその生涯を象徴するキーワードとして浮かびあがってくるのである。

古くて、しかも新しい。輝政には、大まかに言うと、保守性と、それを大きく超えようとする革新性が同居する。輝政の評価を決める最大の事業は、もちろん姫路城の造営だが、後に述べるこの建築コンセプトや、政治性、多くのエピソードの中に、そんな輝政の思考を読み取ることができるのである。

関ヶ原で勝利した徳川家康は、織田信長、豊臣秀吉によって確立されたいわゆる織豊政権を受け継ぎつつ否定するという複雑な経緯で江戸幕府を成立させる。そして、絶妙の大名配置を試みた。関東甲信越、東海北陸、近畿一円に徳川家の親藩、譜代を配して列島中央部を徳川一色に染め、幕府の基盤をゆるぎないものにする一方、東北、西国に配した外様大名の中央部進出を食い止め、列島中央部をいかに守るかに腐心したのである。

そのために、関東北部と近畿西部に防衛ゾーンを築き、そこに信頼できる有力武将を配した。いわば政権という「ゴール」を守る「ゴールキーパー」の役目を、彼らに命じた。輝政は、斬新性に満ちた〝長身白皙〟の城郭を姫路に築き、その最強の〝守護神〟となるのである。旧体制と新体制をない交ぜにし、その上で極めて革新性の高い、新しい政治を展開する――輝政の「古新」という幼名と見事にシンクロする政治思想が大きく花開いていくのである。

## 2　勇猛、果敢、忠実…ルーツに流れる血脈

多くの戦国大名家がそうであるように、池田家も、そのルーツについては不確かで、不明な点が多い。おおよそ分かり始めるのは、一五〇〇年代初頭、輝政の祖父・池田恒利の時代からである。恒利は、尾張の国人で織田家中にあった池田十郎政秀の養子となり、室町幕府十二代将軍・足利義晴に仕えたといわれる（『池田氏系図』など）。単なる武人ではなく〝宮仕え〟のできる人物だったかもしれない。

当時の織田家当主は、信秀。天文三年（一五三四）に二男・信長が生まれた。その二年後とされるが、織田配下の池田家で恒利の嫡男・恒興が誕生する。そして、この同世代の「信長・恒興の関係」が、池田家の行方を決定づけ、織田家の飛躍とともに池田家も大きく成長していくことになる。

織田家が台頭する重要な戦において、恒利、恒興の活躍は目を見張るものがある。勇猛、果敢、加えて宮仕えもこなすという忠実さ――。ある意味、池田家特有の資質は、恒興の二男として生まれた輝政にも受け継がれているはずである。明確でない部分もあるが、池田のルーツについて

整理をしつつ、その血脈の一端をのぞいてみよう。

## 二つの「池田家」

輝政を生んだ池田氏については、巷間、二つの系統が語り継がれている。摂津池田氏と、美濃池田氏である。前者は、大阪・兵庫にまたがる池田市と川西市一帯を、後者は、岐阜県揖斐郡池田町を、それぞれ本拠としている。しかし、それぞれが別系統の一族なのか、あるいは相互に何らかの関係を持ちつつ発展していったのか、歴史的資料に乏しく、判然としない部分が多い。

江戸幕府が、諸大名にまとめさせた最初の系譜『寛永諸家系図伝』によると、姫路、鳥取、岡山と動いた大名・池田家の祖先は、摂津の受領《ずりょう》（国司）などを務め大江山の酒呑童子退治の伝承で知られる源頼光にさかのぼるとされる。

「頼光五代目滝口泰政池田右馬允と号す。（その後）摂州之住人池田九郎教依、河内新判官楠正行異腹の子を養ひて池田十郎教正と号す。将軍義詮、義満の時、武勇を顕す。其の子を左正といふ。左正の子を池田六郎といふ。爾来相続して池田と称す也……」

つまり池田家は、源頼光を祖として、途中、楠公・楠正成の長子・正行の子を養子に迎え、足利幕府に仕えた一門である、と記されている。

しかし、この説は、江戸の早い段階から疑問視され、祖先の地は、むしろ、美濃・池田郷とす

池田家菩提寺・龍徳寺＝岐阜県・池田町

る考えが主流になっていく。それは、輝政の祖父・恒利の供養塔が、岐阜県池田町の龍徳寺塔頭「養源院」から発掘されたからである。そこが恒興の墓所となり、以後、岡山、鳥取の両池田家当主が参勤交代の途次、この龍徳寺を菩提寺として参詣することになる。これによって、大名池田家は美濃の発祥、つまり「美濃池田」の系統となるというのである。

それでは、摂津池田はどうなるのか。『池田市史』などによると、在地の土豪発祥説をとっている。池田、川西を本拠とし、やがて摂津池田城にいて、三好、織田、荒木氏らの配下となり、以後、江戸期まで血脈を保つ一族とされる。

したがって、摂津池田と美濃池田は別系統ということになるのだが、美濃池田の菩提寺となった龍徳寺の寺伝には、不思議なことが書かれている。

『龍徳寺文書調査報告書』（池田町教委刊）によると「（摂津）池田庄出身の北面の武士池田教

依が、勅を奉じて寺院を建て、雲門山龍徳寺と名付けた」とある。

池田教依というのは前出の『寛永諸家系図伝』に登場する摂津の住人で、摂津池田城を築いた人物とされ、系図上のキーマンだ。摂津の池田教依が、自らの祖先の地という認識から、龍徳寺を建立したというのである。

実は、摂津池田村あるいは池田庄周辺で池田氏を名乗る一族が登場し始めるのは、鎌倉末期以降だが、時をほぼ同じくして、美濃池田郷から、池田氏を名乗っていた紀氏、土岐氏の姿が消えている。つまり、美濃池田郷で池田氏を名乗っていた一族が摂津に至り、改めて（摂津）池田氏を起こしたのではないかということが考えられ、そうした文脈から、教依なる人物が、祖先の地・美濃池田に龍徳寺を建立した可能性も否定できない、と同報告書は推測している。なお、龍徳寺には、十六―七世紀に作成されたと見られる池田家歴代の位牌も残っており、創健者の池田教依以下五代の名が刻まれている。

このように「二つの池田家」は、別系統とされるものの、ルーツは一つである可能性も捨てきれない。いずれにしても、確実なのは、岐阜県池田町の龍徳寺で恒利の法名「養源院」を刻んだ五輪塔が発掘されたということで、この恒利以降、池田家は、歴史の中心舞台に躍り出てくるのである。

## 恒利の正室・養徳院、信長の乳人となる

恒利は、前述のとおり、織田氏の家士・池田十郎政秀の養子に入り、その二女と結ばれ、池田家を継いだと、『池田氏系図』に書かれている。室町将軍に仕えるなど、それなりの存在感はあったのだろうが、むしろ、その正室のほうが歴史上名を成しているのである。彼女は、十郎政秀の二女というだけで、名前は分からないが、死後「養徳院」という名で広く知られるようになる。江戸の後期、恒利から始まる池田家の歴史をまとめた『池田家履歴略記』はこんな記述から始まっている。

「天文五年（一五三六）　護国公（池田恒興）誕生　養徳院殿織田信長公の乳母となる」

養徳院が嫡男・恒興を生むのと同時に、吉法師と呼ばれた信長の乳母《めのと》（乳人）になったという記述である。吉法師は天文三年生まれだから、恒興より二歳年上。乳母を必要とする年ごろで、最適の人を探していた。

「……滝川一益、森寺藤左衛門秀勝とはかりて護国公の御母公を乳母にまいらす。さて吉法師いかなる事にや、これまで乳をまいらすれば乳ぶさを噛み破りたまう。故に乳をすすむる者はかれこれかわりけるが、いずれも乳ぶさを噛みやぶりたまう。しかるにこの御母公の乳ぶさをば噛み破りたまはざりしという……」

滝川、森寺らの織田家重臣が吉法師の乳母を探していたところ、恒利の正室に白羽の矢が立っ

た。実は、吉法師はそれまで、次々差し出される乳母の乳房を片っ端から噛み切っていたのだが、どうした訳か養徳院の乳房だけは噛み切らず、母乳を吸ったという。信長らしい、いかにもありそうな話だが、同時に養徳院の包容力をほうふつさせるエピソードでもある。

この時代の乳母は、授乳もさることながら、幼児教育も担当した。吉法師は、この養徳院に育てられる事になるのだが、それは、池田家の嫡男・恒興の成長にも大きくかかわってくる。つまり、恒興と信長は、〝同じ母〟に育てられ、二人は、いわば「乳兄弟」となるのである。

恒興が三歳のとき、父恒利が他界する。未亡人となった養徳院だったが、信長との関係も深く、池田家は森寺の庇護の下、三歳の当主のもとで存続したようだ。やがて十歳になった恒興は、信長の父・信秀の目にも留まり、織田家中に招じられた。豪快で、気配りもよかったのだろう、信長の、格好の遊び相手となるのである（『略記』）。このことが、輝政以降の池田家の飛躍に大きくかかわったことはいうまでもない。

## 「大おち」養徳院、池田の「蝶紋」用いる

養徳院は、乳母という立場から、ひんぱんに織田家への出入りを重ねる。この際、信長の着用した麻の上下《かみしも》を貰い受け、その後の出入りに着用したという。この上下には、織田家の家紋である蝶の紋が付けられていた。蝶は、平家の紋で、平氏出自という織田家も、この蝶紋を使ってい

た。養徳院着用の蝶紋を見て、周囲からよく似合う、という声が出たことから、以後、池田家でも蝶紋を用いるようになったと言われる。源氏といわれてきた池田が、平氏の蝶紋を使っているのは、こうした理由によるといわれるが、『略記』の言うとおりなら、極めて柔軟で忠実な対応のできる家系と見ることもできよう。

なお、後年の事になるが、養徳院は、羽柴秀吉、徳川家康が戦った「小牧・長久手の戦い」で長男の恒興父子も亡くす事になる。息子と孫の死をいたんだ秀吉らから慰めの文をもらうが、その宛名には「大御ち《おおお》（乳）」と記されている。織田家からも「大おち」と、親しみと尊敬の念を込めて呼ばれた。人柄はむろんのこと、信長の乳母としての優れた実績が高く評価され、池田家が信長、秀吉から親愛と厚い信頼を受けていたことが分かる。加えて、秀吉後の政局では、織田─豊臣との縁から、家康とも太いパイプを通じることになるのだが、池田家が、戦国期の、いわば〝主流御三家〟にぴたりと寄り添うようにして発展していく原点に、養徳院の存在が、確かにあったといえるのである。

## 恒興、同輩の小姓を斬り、信長の勘気に触れる

織田信長と池田恒興は「乳兄弟」として順調に成長していったかに思えるが、強く反発しあったこともあったようだ。池田として、単なる従順さだけで主従関係を築いてきた訳ではなかった

のだ。恒興十六歳、信長十八歳のときの出来事について『略記』は、こんな風に伝えている。まず、勘気を被った理由について。

「天文十七年（一五四八）……護国公（恒興）今年十三歳、ある日何某という同列の小姓と口論ありて、無念に思い給いけれど、信長の屋形を憚り押しつめ、かの小姓の城より帰る道に待ちうけて、何のぞうさもなく切り倒したまうにかの小姓の郎党共、抜きつれて切ってかかるとき、森寺藤左衛門、その場にあり合わせて、多く切り倒し、ことごとく追いちらしぬ。さて森寺と打ち連れ出奔し、藤左衛門故郷勢州赤堀にかくし置きまいらせ、四、五年の春秋をぞ送られける」

恒興が、同じ信長の小姓を斬った事で、助太刀した藤左衛門ともども、伊勢の赤堀に蟄居させられてしまったという。

いつか汚名を雪ぐ機をうかがっていたところ、那古野（名古屋）で織田家の家督を継いだ信長が、同族で清須の守護代を務めていた織田彦五郎と事を構えようとしているとの情報が入る。藤左衛門は、密かに恒興の武具を整えるための金策に走った。養徳院と接触するが、金銀は出せないといわれる。しかし、小袖などを与えられて励まされる。後に「海津合戦」と呼ばれ、信長飛躍のきっかけとなる戦が勃発する時の事である。

「……この時護国公（恒興）一番に首切って信長の見参に入れ給いしかば、たちまち勘気許されしに、その後さして恩賞もなければ藤左衛門大いに憤りて出奔す……」

勘気は許されたのだが、その後、何の音沙汰もない。怒った藤左衛門が、抗議の出奔をしてしまう。あわてた信長は、藤左衛門を呼び戻す。その席で藤左衛門は「池田勝三郎（恒興）は殊に武勇知謀の者に候えば、御為に然るべく存じ候。願わくば一廉の御取立てあり……」と強く進言する。信長も聞き入れ、晴れて、恒興は織田軍団に加わることになるのである。藤左衛門の評した「武勇知謀」の才は、輝政のそれにもつながる。

岐阜駅前に建つ織田信長像

**桶狭間で先制攻撃主張、有力家臣団抱える**

恒興が、信長の命で荒尾善次の娘を〝略奪結婚〟したことは、すでに述べたとおりだが、二年後の永禄二年（一五五九）に、嫡男の勝九郎（輝政の実兄・元助）をもうける。その直後の永禄三年、恒興が一躍武名を挙げる戦が起きた。桶狭間の合戦である。前述したように、上洛の大軍を率いて駿河から尾張に攻め寄せた今川義元四万五千の大軍を、信長はわずか三千の軍勢で迎え撃つことになった。諸将の多くは、ひとまず自城に篭り、正面対決を避けようとしたのだが、恒興ひとり、迎撃を進言したという。嫡男が、まだ一歳ということを承知の上で、命を賭けた主戦論を展開するのである。

「……護国公進み出て仰せけるは、十死一生の御合戦とはこの時と存じ候えども、大軍も し寄せ来なんには、呰々気を失い退散仕るべし。さあらば篭城の人心もおくれて居負けになるものにて候。急ぎ御出陣然るべし……」（『略記』）

今川の大軍が侵入する前に、十死に一生をかけて先制攻撃すべしと、恒興はいう。この進言を受けて信長は「理至極」と積極的に評価し、即座に出陣を決めた。「十死一生」という大きな賭けに出た信長だったが、この勢いが、今川の大軍を圧倒した。信長は、「諸人推し留まれという中、唯一人軍せよと」と主張した恒興に対し、「抜群の器量、働き」として「士三十人の将」に取り立てた。数年来の確執も氷解し、信長は恒興に対し、侍大将という重要ポストを与えたのである。

侍大将を拝命する直前、池田家の家老職にあった森寺藤左衛門が恒興に対し「織田殿に望みの士五、七人預け給わるよう願い出よ」と、強く進言したという。藤左衛門は、池田が大きく飛躍するためには、さらに多くの有能な士が必要と考えたのだ。そして、藤左衛門が日ごろから目を

桶狭間古戦場公園＝名古屋市緑区

かけていた香川長兵衛、土倉四郎右衛門、八木笹右衛門らの名を挙げた。信長は、この申し出を受け入れ、彼らを池田家の家士として与えたのである。

中でも、藤左衛門が見込んだ士の一人が、香川長兵衛である。元々織田家の足軽だったが、ある城攻めの際、城内からの集中砲火で多くの足軽が撃ち殺され、たじろぐ中、長兵衛一人平然と攻め寄せた。これを見た信長が大いに感じ、玄関の呼次ぎ役に取り立てた。その後も数々の武勇を挙げ、士に抜擢したのだが、武勇だけでなく知謀も深く、大器の片鱗を見せていたという。長兵衛は後に、伊木清兵衛と名を変え、池田家の筆頭家老に出世する。信長、秀吉、家康にも気に入られるという特異なキャラクターの持ち主で、輝政の姫路入り、姫路城築城の縄張りに深く関与する人物である。輝政を支える人材は、このころから確実に用意されていくのである。

## 尾張、美濃、越前…秀吉らと転戦

三十騎を与えられた恒興は、その後、信長の「天下布武」のスローガンの下、尾張、美濃、越前、近江と転戦する。この間、永禄七年（一五六四）に清須で二男・古新（輝政）が、元亀元年（一五七〇）に三男・藤三郎（長吉）が、越前朝倉攻めの功により拝領したばかりの犬山で誕生している。朝倉攻めでは、十二歳の嫡男・勝九郎（元助）が朝駆けの功名で武名を挙げたという。

一連の合戦では、織田家の重臣・柴田勝家らとともに、出世著しい木下藤吉郎（羽柴秀吉）とも同道し、池田―羽柴の絆もつながり始めていた。

やがて、信長の命を受けた秀吉の中国・毛利攻略が始まる。姫路の黒田官兵衛の調略で播磨の諸将は織田になびいたかと思えたが、一転、三木城の別所長治、さらには伊丹・有岡城の荒木村重が信長、秀吉に反旗を翻す。苦境の秀吉を支援するため、天正六年（一五七八）、恒興は元助、輝政を率いて、摂津、播磨に進出してくることになる。

## 3 「乱世の主流派」から高い評価と信頼

輝政は、繰り返しになるが、池田家の二男坊である。父・恒興と長兄・元助が相次ぎ討ち死にしたために家督を相続した。このことについては次章以降に詳述するが、戦国時代、当主、嫡男が不慮の死を遂げると、お家断絶か、大幅減封で家格を落として相続されるか、いずれにせよ厳しい処置が取られることが多い。しかし池田家の場合は、どちらにも当たらず、輝政にほぼ従前並みの相続が認められ、有力大名として戦国末期から江戸時代にかけて大きく飛躍していくのである。それは、織田信長の時代から、羽柴（豊臣）秀吉、徳川家康と続く「戦国乱世の主流派」の誰もが、輝政をそれだけ高く評価していた証左であろう。ここでは、信長から秀吉時代にかけて、池田家と輝政がどんな行動を取り、〝天下人〟からどのような評価を受けて乱世を生き抜いてきたかを見てみよう。

### 〝気になる少年〟古新―信長、早くから注目

輝政が、まだ古新と呼ばれていた天正元年（一五七三）のことだが、信長は、この九歳になっ

たばかりの少年を、木田（荒尾）家の跡目相続者として指名している。信長から池田恒興に宛てた朱印状に、そう記されており、輝政に関する最も古い文書の一つである。

荒尾家は、恒興の妻・善応院、つまり古新の母の実家に当たるのだが、当時の当主・空善は、美濃の織田氏か、駿河の今川氏か、どちらに付くかその去就に迷っていた。そして、前述のように、織田氏との誼の証として、その有力配下の池田家から七歳になった輝政（古新）を養子に迎えていたようだ。信長は、この輝政を荒尾家当主にすることを認めたというのである。池田家の二男坊だし、母の実家の跡目を継がせるには、ごく自然の人選であったかもしれないが、同時に信長は、この段階で早くも輝政に対し高い評価をしていたことがうかがえよう。朱印状を出すほど〝気になる少年〟だった。

## 別所、荒木氏の討伐へ――播磨・摂津に池田軍展開

この少年輝政が、〝武将〟として歴史に登場するのは、天正六年（一五七八）のことである。羽柴（豊臣）秀吉が織田信長の命を受け、中国・毛利氏を討つため前年に続いて播磨に進攻してきた年だ。その二月、秀吉の背後を突くように三木の別所長治が、十月には伊丹・有岡城の荒木村重が、相次いで信長に反旗を翻す事態が起こった。秀吉軍を救援するため、信長は、急きょ、援軍を差し向ける。まず、三木を、ついで伊丹への攻撃を敢行するのだが、池田軍は、三木・別

所合戦では、まだ織田方にあった荒木軍などとともに援軍に加わり、三木城に迫っている。六月、恒興・元助父子らは、三木側の要衝・神吉城を囲んだ。二十歳になった元助は、総大将で信長の嫡男・信忠が心配するほど戦場深く入り込み、神吉落城に大きく貢献したという。その後三木城は、厳しい兵糧攻めの末、天正八年正月、降伏、開城した。

一方、織田陣営にあった村重だったが、一転、信長に反したため、池田軍に荒木攻撃の命が下った。天正六年十一月から十二月にかけ、池田軍は、有岡城に近い倉橋（現豊中市）に陣を構えた。戦いは、伊丹・鴻池で行われ「鴻池合戦」と呼ばれ、池田有利のまま荒木勢を有岡城に押し込めた。この戦に、恒興、元助とともに十五歳になった二男の輝政も加わっていた（『信長公記』）。戦の記録に輝政が登場するのは、これが初めてだが、具体的な動向は不明で、初陣とはなっていない。

有岡城は、翌天正七年十一月に落ちた。しかし、村重が城を脱出、逃げ延びたうえ、有岡の有力支城であった摂津・花隈（熊）城には一族の荒木志摩守が立て篭もったままであった。そのため信長は、あらためて花隈攻めに乗り出し、同八年三月、池田軍に花隈攻略を指示したのだ。恒興は、嫡男・元助、二男・輝政を伴って、花隈城に迫った。

## 十六歳、「花隈合戦」で鮮烈な初陣

花隈城は元々、信長の指示を受けた荒木村重が、石山本願寺と中国・毛利氏との間を絶つ目的で建てられた城である。「はなくま」という地名も示す通り、この地は海に突き出た〝鼻〟のような台地になっており、城は、海上を見張ることのできる格好の場所にあった。城地は、現兵庫県庁の南、神戸市中央区花隈町のほぼ全域とその周縁部に広がり、「摂津花熊之城図」(岡山大学蔵)によると、城郭部は本丸、二の丸、三の丸に仕切られ、殿(天)守を持ち、南面は高さ七間(十三メートル)、北面は四間(七メートル)の石垣、切岸で防御された本格的な城だった。城地の東西には侍町や商人町

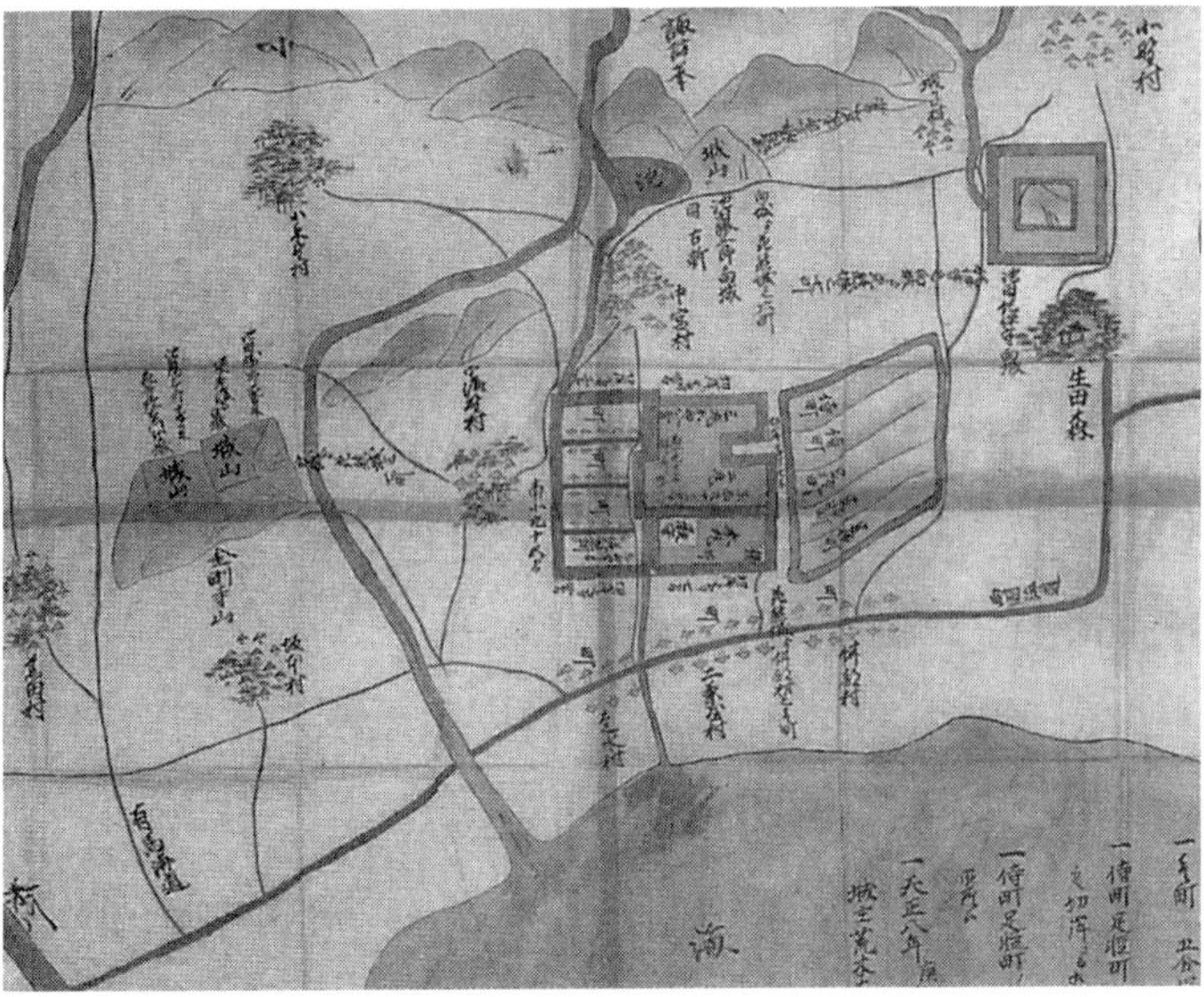

「摂津花熊(隈)之城図」(岡山大学附属図書館蔵)

らしきものがあり、城下町も形成されていたようだ。

『略記』などによると、恒興はまず、攻撃拠点として、城の東の「生田の森」、背後の「諏訪山」、西の「金剛寺山」の三地点を選んだ。現在の生田神社、諏訪山公園、大倉山あたりで、いずれも花隈城から六、七町（六五〇―七五〇メートル）の距離にある。大手に当たる生田の森には嫡男・元助軍が、搦手《からめて》の金剛寺山には最も信頼できる家臣の伊木長兵衛、森寺清右衛門を配し、中央の〝本陣〟となる諏訪山には、恒興が輝政とともに陣取った。ここは今も神戸市街が一望できるヴィーナスブリッジの下あたりで、眼下に花隈城を見下せる。背後の諏訪山斜面には、源平合戦時、源義経が戦勝祈願をしたという諏訪神社がある。〝縁起〟もよく、格好の本陣だ。

しかし、最後の砦だけに、荒木勢の死に物狂いの抵抗が予想された。花隈城の厳しい城構えのことも考えたのか、恒興は得意の一気攻めをせず、じっくりと攻めたてている。同年三月から八月にかけて花隈城周辺で幾度となく激戦が展開されたようだが、その一部を『略記』から抜き出してみる。

「……城（花隈城）より人数を出しければ、池田勢駆けあい入れ違い、散々に戦いける。之（元）助殿二十二才馬廻し下知したまうところに、究竟（屈強）の兵と槍を合わせ、互いに突き合い給いしが引き組みてそのまま首を取り給う。国清公（輝政）行年十六歳、これも彦五郎大夫という勇士と組み打ちの勝負ありしに、ついに敵の首切って立ち上がりたまう。護国公（恒興）は槍にて能き敵五、六人突き伏せ給う。かく入り乱れたる戦い、大将みずから手を下さるる程のことなれば……」

大将じきじきの戦いが、何度も展開されるほどの激戦だった様子が読み取れるが、ここで注目されるのが、輝政の戦いぶりである。前年の鴻池合戦とは違って、ここでは具体的な手柄が記録されている。それも、屈強の相手と組み打ちし、首を取ったという。これが輝政の初陣であった。

こうした激戦を経て、その八月、花隈城は落城する。池田軍の戦いについて、信長は最高の賛辞を贈った。

「……（信長配下の多くの武将は、苦戦に際し幾度となく援軍を要請してくるが、池田紀伊守父子三人は力戦で防戦し）未だかつて加勢を乞わず。高名甚だ多しと安土に注進す。その二男古新（輝政）、歳わずか十六、敵陣に入り大いに武勇を振るう。これ真に池田紀伊守の血筋なり信長の眼力に叶いその手柄比類なきなり（池田の名誉山より高く）その功に報いるために摂州一国を池田父子三人に充行《あてがう》ものなり……」（『信長公記』）

「武士高名越度事―誰にも援軍を要請せず、武士としてはなはだしい名誉である」として、信長が池田父子に送った異例の感状である。信長自らの眼力を自賛しつつ、十六歳の若武者働きを賞賛している。輝政は、それほど強烈な印象を残し、初陣を飾ったのである。

花隈落城と前後して、長期にわたって信長を苦しめた石山本願寺との合戦も終結する。池田家は、そのお膝元の摂津を拝領。花隈城の用材で、その南に新たに兵庫城を築いて領国西端を固めつつ、有力戦国大名として存在感を高めていく。

## 恒興、摂津十二万石に――一族、秀吉に急接近

花隈合戦を制した池田恒興は、その功によって摂津十二万石を与えられ、石山本願寺跡を本拠とした。池田家は石山合戦の勝利を象徴する立場となった。このとき、古新は名を「照政」と改めたとみられ、尼崎城（大物城か）を守ることになった。嫡男・元助は伊丹城を預かって、一応〝城主〟の立場を得たようだが、十六歳の輝政は、城主と呼べるかどうか微妙な立場ではあった。

この尼崎で輝政は、天下を揺るがす大事件に遭遇する。天正十年（一五八二）六月の「本能寺の変」である。池田家の強力な後ろ盾であった信長が、明智光秀に討たれたのだ。配下の諸大名が去就に迷う中、黒田官兵衛の助言を受けた羽柴（豊臣）秀吉が、備中・高松城から、急きょ光秀討伐を掲げて京に向かって大転進を図った。「中国大返し」だ。二万の秀吉軍は姫路で小休止をはさみ、一気に二百キロを駆け抜け、山崎・天王山で光秀との決戦を制したのである。この時の池田氏の動向について『略記』は次のように記している。

「さて秀吉は同（天正十年六月）十一日居城姫路を出勢ある。護国公（恒興）も兵庫に出向い秀吉の子息秀次を聟となし国清公（輝政）を秀吉の養子とすべき事を盟い、二人剃髪あり

て護国公この時勝入と改め、元助殿紀伊守になり給う。それより尼崎に会合して評議あり。一番合戦は池田致すべき旨秀吉高声に申され候処に（山崎の地元にいる高山右近が、一番は自分が、二番は中川清兵衛、池田は三番と主張したため秀吉もそれを認め）一番高山、二番中川、三番池田かくの如く合戦の次第定まりける」

恒興は、躊躇なく秀吉に与する事を決断し、秀吉軍を兵庫に迎えた。この時、輝政が秀吉の養子となり、池田―羽柴の絆をしっかりと結んだ。そのうえで、山崎合戦の軍議が、輝政の居る尼崎城で開かれた。秀吉は一番合戦を池田に命じたが、高山右近の主張を受け入れ、三番出陣となったものの、秀吉と池田の強い結びつきがうかがえるエピソードである。

この時の輝政の言動は不明だが、自分の〝居城〟で開かれた歴史的軍議だけに、「ポスト信長」を巡る時代の潮流の大きなうねりを肌で感じ取ったことは間違いない。さらに、光秀を討った秀吉が天下へと駆け上る〝現場〟をしかとその目に焼き付けることができたことは、輝政にとって大きな収穫であった。

信長が池田一門、とりわけ輝政を高く評価していたことは、先の感状ではっきりしているが、信長の跡を継ごうとしている秀吉もまた、古新から照政に名を変えたこの青年に対し、特別な感情を持っていたことが、次の二つの事例からはっきりと分かる。

一つは、輝政を養子として羽柴の姓を与えたこと。もう一つは、本能寺の変後、京都・大徳寺で執り行われた信長の〝葬儀〟に際し、秀吉が、同じ養子の秀勝（信長四男）とともに棺の轅《ながえ》（長柄）をひくという、最重要の役目を輝政に与えたことである。いずれも、異例の厚遇である。秀吉の心中には、自身の天下取り構想の中に、躍進著しい池田一族を取り込もうとする思惑のあったことも事実だろうが、池田氏、ことに輝政にとっては、信長から秀吉へとパワーバランスがシフトする中で、さしたる抵抗もなく、というより請われるように新しい軍事的政治的中枢に身を置くことになるのである。

一方、父の恒興も戦国武将としてその実力を遺憾なく発揮する。本能寺の変直後の六月二十七日、織田家後継を決める「清須会議」が開かれる。恒興は、秀吉、柴田勝家、丹羽長秀、堀秀政とともに「宿老」の一人として会議に臨み、秀吉が突如提案した「三法師擁立」を強く支持。秀吉の〝天下取り〟に大きく貢献し、池田―羽柴の「蜜月関係」を作り上げていく。

## 摂津から美濃へ―輝政〝城主並み〟の処遇

清須会議で織田家中の実権を事実上握った秀吉は、天正十一年（一五八三）、賤ヶ岳で柴田勝家を破ったほか織田家旧臣を降し、さらに飛躍を期すべく、その居城を姫路から大坂に移した。恒興の居た石山本願寺跡に壮大な城を築き、織田政権から新たに「秀吉政権」樹立のための本拠地としたのである。

秀吉が大坂に入ったため、そこにいた池田一族には新たな領地が用意された。池田発祥の地とされる美濃である。当主の恒興は大垣城主として十五万石、嫡男元助は岐阜城主として十万石を

清須会議の開かれた清須古城跡

拝領した。輝政も、大垣の北方・池尻城を与えられた。

池尻はそれまで、西美濃三人衆の一人で大垣城主・氏家直元（卜全）の有力与力であった飯沼長継が三千貫（一万石程度）を領し治めていた。輝政はそこを貰い受け、家老の片桐半右衛門を城代として置いたと、近世の地誌『美濃明細記』に記されている。当主と嫡男が別々に正式な領地を得た中で、二男の輝政にも池尻が与えられたということは、城主としての正式石高は記録されていないが、いわば〝城主並み〟の扱いといっていい。花隈合戦後、尼崎を単なる居城にしたときとは違い、輝政にとっては、この池尻が実質的に「初の城主」となる。

大垣は、舟運と街道が交差した陸・川交通の要衝である。古来、「不破の関」と呼ばれた関ヶ原の東口に当たり、中部・関東の諸大名から大坂の秀吉を守護する重要防衛

拠点と位置づけられていた。秀吉は、そこを、池田一族に任せた。信長同様、秀吉も池田に対し厚い信頼を置いていたのである。

## 秀吉、家康の〝対立〟──池田家を揺るがす事態に

織田政権を受け継いだ秀吉だったが、やがて徳川家康との間で微妙な〝もつれ〟を起こすことになる。時を同じくして、信長の二男・信雄も、反秀吉の立場を鮮明にしていく。

信雄（当時北畠信意）は、本能寺の変で信長の嫡男・信忠が自害したことによって、当然、自分が織田家を継ぐと考えていたようだが、秀吉が信忠の長子・三法師を、柴田勝家が信長の三男・信孝を、それぞれ担いだため当主候補から外れ、本家相続はならなかった。不満を抱えたまま信雄は、柴田と対立、一応秀吉側につき、賤ヶ岳の合戦では秀吉とともに勝家、信孝を破っている。そして尾張、北伊勢、伊賀を領有し、三法師の後見役として安土城に入るのだが、すぐに秀吉の不興を買ってしまう。その結果、信雄は家康に近づくのだが、天正十二年（一五八四）三月、秀吉に内通したとして自身の重臣三人を殺害。これを機に、信雄・家康連合軍と秀吉軍との間で戦闘が始まるのである。

これが、小牧・長久手の合戦へとつながっていく。この戦いで池田家は恒興、元助父子が討ち取られ、お家断絶の危機に見舞われ、輝政に新たな運命をもたらすことになるのである。

# 第二章

# 悲劇の家督相続

## ―秀吉と同道の青年期

# 1　一大転機の小牧・長久手合戦

## 秀吉・家康の反目の中で

元服して、名を「古新」から「照政」に改めた後、池田一族が、歴史の表舞台に登場するのは、いわゆる「小牧・長久手合戦」である。

この戦は、織田信長亡き後の政権内部の抗争、つまり、主導権を握ろうとする羽柴秀吉と、それに反発する徳川家康の対立が背景にある。結果は引き分けに終わるのだが、単に両者の戦いではなく、諸大名注視の中で展開された政権の行方を占う、いわば全国規模の合戦とも見られている。

天正十二年（一五八四）、家康は、秀吉への対抗策として、秀吉から疎んじられ始めていた信長の二男・信雄《のぶかつ》に接近する。当時、信雄は、尾張・北伊勢・伊賀を領する北畠家の当主から再び織田家に帰っていたのだが、家康の接近により、秀吉との離反が決定的となった。そんな中、信雄の三人の重臣が、秀吉になびこうとし、それを知った信雄が、この三人を殺害するという事件を起こす。秀吉にとっては、信雄攻略の願ってもない好機となった。秀吉は即座に反撃に出、兵を北伊勢へと進ませた。これが、後の小牧・長久手合戦の端緒となるのだが、この戦で池田家は、大きな転機を迎えるのである。

## 織田か羽柴か──二分する家論

両者の戦闘は、当初、信雄のお膝元・北伊勢を主戦場に戦われた。家康も、信雄の求めに応じて「織田・徳川連合」を形成する形で出陣。当初、家康は、美濃、伊勢が主戦場となるとみて、本拠の三河・岡崎を離れ、本隊を伊勢湾最北部一帯に集結させたのである。

織田信雄像（丹波市）

こうした戦況を、じっと眺めていた領主が居た。池田恒興である。この時の池田一族は、当主の恒興が要衝・大垣に、嫡男・元助が岐阜、二男の輝政（照政）が池尻を領していた。信雄にしてみると、元々、織田家の重臣であった池田一族は当然自分につくものと、信じて疑わなかったようである。一方の秀吉は、中国大返し以来、池田は、羽柴の与力的存在と見ていた。輝政を羽柴家の養子に取り、信長の葬儀には、棺の轅《ながえ》を引くという大役を輝政に命じたほどで、池田一族の合力は当然だとみていた。

どちらに付くか。周囲の見方と同じように、池田家内部でも、激しい議論が戦わされた。恒興も、大いに迷っている様子が『池田家履歴略記』に記されている。

「羽柴殿、北畠信雄を討ち滅ぼさんとたくらみて……護国公（恒興）へ一味給わり候えと頼まれし。護国公は、織田殿への厚恩ありしかば、信雄に方人《かたうど》あるべしと内々極め給う（ところに羽柴殿から頼みあり）如何あらんと決し給わず。片桐半右衛門、土倉四郎兵衛両人より（例え天下の多くが秀吉に一味しても、当家は礼儀を忘れず）織田殿の筋目を忘れず信雄卿に御一味しかるべしと申す。伊木清兵衛は、今秀吉と当時日本の大名残らず一味について武略をたくらべ申すとも、秀吉勝利あるべし。（秀吉につき）先祖の家を起こし旧功の者をも取り立てたまわば子孫繁栄疑いあるべからず。今義のみ守るとも家を起こさんこと第一なりと申す。護国公なお御決心せざりしに……」

『略記』の記述どおりだとすると、まず、秀吉陣営からの秋波を受けるが、衆議一決とは行かなかった。重臣の意見が割れている。片桐、土倉は織田家以来の筋目を通せと、信雄支持を打ち出した。これに対し伊木は、日本中の大名が束になってもだめだ、と秀吉の勝利を確信している。秀吉が新時代を開く。池田も、秀吉と共に来るべき新しい時代を作り上げ、その中で池田家子々孫々の繁栄を図るべきであると主張する。

恒興も迷っている様子がはっきりと読み取れる。逡巡する恒興に、秀吉からは再三、加勢要請がくる。恒興は、ついに決断する。

「上方御一味」――。

秀吉に付いたのである。双方に〝義理〟があるなら、政権中枢を支えるという意思表示だろうか。あるいは、勝ち戦を見越しての選択なのだろうか。信雄・家康連合にとっては予想外の行動であった。ある意味、池田一族の政治的臭覚の鋭さを物語るかもしれないし、現実主義、現実路線を選択する池田の血脈のようなものを感じ取ることができる。別の見方をすれば、現実の政治状況を踏まえつつ、新しい政治状況を先取りするという行動とも受け取れる。歴史の重要局面において、池田家はその後も、同じような動きを見せるのである。

ただ、この時は、信雄支持派の不満は爆発寸前だったようで、片桐は大いに嘆き「義にそむかば天道神明も加護なく、戦にも利あるまじ」と何度も諫めたが、恒興の決断は覆ることはなかった。しかし、片桐の言葉通り、その後の戦いにおいて、池田家は厳しい戦を強いられ、滅亡の危機にさらされることになるのである。

**池田一族、犬山城を奪取**

秀吉側に与することを決めた池田恒興は、元助、輝政を従えて突然、犬山城を攻撃する。天正十二年三月十三日のことである。

恒興にとって犬山城は、かつての居城である。織田信長・徳川家康連合軍が、浅井・朝倉連合軍を破った「姉川の合戦」で武功を上げた恒興が、信長から初めて拝領した城であった。勝手知ったる城を攻めるのは、そう難しいことではなかった。それに、この時、犬山城は、信雄側の有力武将・織田信清の居城だったのだが、信清は伊勢戦線に従軍中で、その部下の中川定成が守っており、手薄の状態であった。恒興の率いる池田軍は、森長可《ながよし》を中心とした森軍と一体となって、そこを突いた。長可は、信長の小姓を務め、本能寺で自害した森蘭丸の兄で、恒興の娘婿となった人物である。この、池田・森両軍は、その後も行動をともにして、池田の運命を決める長久手合戦に臨むことになる。

犬山城天守閣＝愛知県犬山市

織田・徳川軍は、先述のごとく、主戦場を北伊勢と決めていた。それは、美濃にいた池田軍が、当然自軍につくと考えていたため、美濃と境を接する尾張北部の犬山方面は、秀吉軍の攻撃対象から外れていると見ていたようだ。そのため、信雄も家康も、主力軍を北伊勢方面に集結させていたのだった。

戦は、たった一日で終わり、犬山城は、秀吉側の奪取するところとなった。その時秀吉は、輝政の城である美濃・池尻城に進軍していたのだが、池田が犬山を落とすと、間髪をいれず、尾張に侵入した。これが三月二十七日のことだ。続いて本隊を、恒興が奪取した犬山城に入れ、秀吉軍の本陣としたのである。

不意を突かれた織田・徳川軍は、本隊を北伊勢から尾張北部へと移動せざるを得なくなった。家康は、急きょ配下の酒井忠次を清須近郊に引き返させ、自らも尾張へと入っていく。その間、酒井は犬山を落とし勢いに乗って南進してきた森軍を叩き大勝している。一方、伊勢周辺では、家康本隊の移動で軍事的空白も生じ、そこを秀吉側の蒲生、堀、滝川軍に攻められ、織田・徳川側は幾つかの重要拠点を失っている。

こうした複雑な戦闘が続く中、家康は、自陣を犬山の南約十キロに位置する小牧山に移動させた。三月二十九日、つまり秀吉が犬山を占拠した二日後のことだが、伊勢に居た信雄も、家康の元へ合流。小牧城が、織田・徳川連合軍の本陣となったのである。

両陣営は、犬山―小牧間わずか十キロの距離を挟んで対峙する格好となった。これ以降の両者の戦いが、いわゆる「小牧・長久手合戦」と呼ばれるものである。当初は、伊勢を戦場にした南部戦線と、犬山、小牧を舞台にした北部戦線という二つの戦が局部的に展開された。南部では秀吉軍が有利に戦いを進め、信雄側を追い詰めていたが、北部では双方、動きがとれず一進一退の攻防が続いた。

## 悲劇の発端――「三河中入」

こうした膠着状態を打破したいのは、秀吉も、家康も同じであった。さまざまな戦略が検討されたであろうが、まず動いたのは、秀吉側だった。これが「三河中入《みかわなかいれ》」と呼ばれる戦略である。この作戦を展開する中で、池田の運命を大きく変える「長久手合戦」が戦われることになる。

当時、家康の居城は岡崎だったが、信雄に加勢するため、家康本隊は伊勢から美濃北部に展開しており、本拠の岡崎は手薄の状態だった。その空白を突いて、秀吉軍が、犬山から美濃北部を横断、三河に侵入し、岡崎を奪取して家康の補給路を断ち討ち取るという作戦だ。この作戦については、『長久手町史』が、丹羽長秀に宛てた秀吉の書簡の分析等を踏まえ、詳細に記述している。

これによると、天正十二年四月六日、三好信吉（秀次、後豊臣秀次）を筆頭に、池田恒興、森長可、堀秀政が二万四、五千の兵を率いて出陣して、戦いが始まった。一般に隠密作戦といわれているが、どうもそうではないらしい。現地の地形を見ても、これだけの大軍が姿を隠して行軍する空間はない。まして、〝孤峰〟である小牧山山頂からの視界は、三六〇度開けており、家康側は眼下の状況を一望でき、秀吉軍の隠密行軍など不可能に見える。

それでは、なぜ秀吉は、家康側に丸見えになるような軍事行動を展開しようとしたのか。これについては、この軍事作戦は誰が立案したのかという側面からの検証が必要だという。従来、長久手合戦については、秀次、あるいは池田恒興らが積極的に進言し、渋る秀吉を説得して実行したとされる。

小牧・長久手合戦地図（『長久手町史』から）

しかし、例えば、この作戦に呼応して、志摩の九鬼水軍が海から三河攻略を企てようとするなどの動きがあったとされる。秀吉本隊からの積極的な〝公式要請〟がなければ九鬼は動かなかったはずだというのである。こうしたことから、「三河中入戦略」は、むしろ秀吉自身が前面に立ち立案した非常にスケールの大きな〝公然作戦〟であったことがうかがえる。ところが、秀吉側が大敗北を喫したため、その責任を恒興、秀次に転嫁しようとして、作戦立案も恒興らの手になるものだという説が、後の『太閤記』などによって成立したのではないかと『町史』は推測している。

それはともかく、秀吉の「三河中入」は四月六日夜半、勝入《しょうにゅう》（池田恒興）、武蔵（森長可）を先陣として動き始めた。孫七郎（三好秀次）が後続部隊として続く。途中、二、三の城普請をしながらの行軍だったようで、隠密裏に岡崎への進攻を図ったものではなく、周辺勢力を巻き込みながらの大規模戦闘作戦だとみられている。そのためだろうか、進軍スピードも、隠密行動のような速さではなく、悠然と進んだように見える。

池田・森軍は、出陣三日後の九日になって、美濃・三河国境の長久手、日進に到着し、手始めに家康側についていた丹羽氏の岩崎城を攻めた。城主は小牧に出陣中で、留守部隊は、池田の敵ではなく、すぐに落ちた。首二百を実検した恒興は「手始めよし」（『略記』）と上機嫌で、全軍を三河領へと向かわせた。

## 家康軍、満を持しての逆襲

「中入部隊」の隊列は、この時、先頭の池田軍から最後尾の秀次軍まで十数キロに伸びていた。

先頭の池田軍が岩崎城を落とした九日早朝、秀次軍は白山林《はくさんばやし》におり、岩崎の勝利を聞き油断していたのだろうか、休憩態勢にあった。

野戦巧者の家康は、「中入軍」の動きを早々と察知していたようだ。七日、遅くとも八日のうちにはその行軍状況をつかみ、出陣時期を見計らっていた。中入軍の戦列が延びきり状態になったのと、白山林で休む秀次軍を見逃すわけはなかった。背後から家康配下の榊原康政らが急襲、秀次軍は主要家臣ら多くを討たれ総崩れとなった。

秀次の窮状を知った中入軍の一部は、長久手にまで進出した榊原軍などに応戦したが、その日の昼前には、家康本隊までもが長久手に到着、形勢が逆転しつつあった。午後になって、池田・森隊も三河国境の岩崎から長久手まで引き返したのだが、すでに、家康本隊は、南方に長久手を見下ろす色金山《いろがねやま》に陣を敷き、山斜面に鉄砲部隊などを展開していた。いわば、すり鉢状地形での上と下との合戦であった。

「……武蔵守（森長可）も護国公（恒興）も、金の扇の御馬標《うまじるし》、山陰に輝き出るを見て、さてこそ徳川殿これに有りと勢いをまとめて下知せらる。井伊が備え正々堂々として森が備えにかかり来る。護国公旄《ぼう》（牛の毛をつけた旗）打ち振り御声かぎりに下知し給いけれども鉄砲激しく進みがたし」（『略記』）

江戸後期の書物だけに、徳川方に遠慮しつつ記述しているが、恒興の必死の下知にもかかわらず、池田軍が苦戦に陥っている様子が、よく読みとれる。低地に陣した池田、森隊の敗北は、陣形を見ただけでも明らかである。もちろん、恒興も長可もそのことは承知しつつ、最後の戦いに挑むのである。

## 恒興、元助、相次ぎ討ち死に

池田・森隊は、いわゆる鶴翼の陣形を取ったようだ。右翼に池田家嫡男の元助、左翼には森長可、中央に恒興が陣取った。

長久手では、その日朝も戦いが行われ、池田側の部隊が、白山林を制した榊原軍相手に苦戦していた。そうした悪い流れを受けたまま、家康本隊との直接対決を強いられた池田隊だったが、昼ごろまでは、何とか持ちこたえていた。ところが、槍を振るって激しく抵抗していた左翼の長可が、鉄砲を眉間に受けて落馬、絶命した。これを機に、家康軍の攻勢はさらに強まり、池田・森軍は総崩れ状態となった。恒興は、死を選んだ。

「……護国公（恒興）はみずから謀りてかく大敗し、聟武蔵守（森長可）討死の上は必死を決め、御手わずか二、三百ばかり真ん丸になって白き吹き抜けのまといおし立て……馬失うて歩き立ちなればこれまでとや思し召されけん、床机に座して敵をぞ待ち給う（……そして）安藤彦兵衛すすみ来て槍付けるを、永井傳八郎くぐり御首とる」（『略記』）

床机で死を待つ恒興の前に進み出たのは、安藤彦兵衛という武将だったという。安藤が恒興の首に槍を突きつけた瞬間、その槍下をくぐり、家康直臣の永井傳八郎が首をはねたのだという。『略記』によると、その場面については、さまざまな説があるというが、恒興の首級をあげたのは、永井というのが通説である。なお後年、輝政はこの傳八郎と面会した際、父・恒興の最後について種々訪ねた後、「して、傳八郎の身上はいかほどか」と尋ねたところ、一千石であることが分かった。輝政が、父の首はそれほどの値打ちなのかと不興気に漏らしたところ、すぐに加増されたという逸話が『甲子夜話』や『武野燭談』といった江戸期の〝物語集〟などに残っている。

父・恒興に続いて、右翼の指揮官である嫡男の元助も、鉄砲で腰を射抜かれ、落馬したところを安藤直次が飛び掛り首を取ったという。

後に描かれた幾つかの「(小牧)長久手合戦図屏風」にも、永井が恒興の首を上げた場面、安藤が元助を組み伏すシーンがリアルに描かれている。

当主と嫡男が討ち取られた池田家は滅亡の危機に陥った。二男の輝政も長久手合戦には出陣していたのだが、具体的な武功については何も語られていない。ただ、父と、兄の死を知って、自分も後追いする覚悟で、単騎、敵陣に向かって突進していったことが『略記』には記されている。そのことについては次節以降に紹介するが、この一族の悲劇から、輝政の新しい人生が始まる。小牧・長久手合戦の後に、輝政の歴史的飛躍の道が開けるのである。

## 2　岐阜で芽生えた〝輝政政治〟

### 輝政、死を覚悟の突進

天正十二年（一五八四）、羽柴秀吉と徳川家康の反目を背景に勃発した、いわゆる「小牧・長久手合戦」で、池田一族は家康軍に大敗し、当主の恒興と嫡男元助を相次いで失った。壊滅的な打撃を受けた池田家は滅んだ、と誰もが感じたし、輝政自身もそう思ったはずである。「ここまで」——父と兄、二人の死を知った二男の輝政は、単騎、家康陣に向かって突進したのである。生き延びるを良しとしない戦国の習い、死を覚悟の突入であった。後年編まれた『池田家履歴略記』は、その時の様子をこう記している。

「……御父・兄討死ありし由を聞きたまひ、一所にこそ戦死すべけれとて取って返し給うを、番藤左衛門馬の口にすがりつき引き返し、父上御討死にては候わず、恙なく引き取らせ給うと云うままに一鞭あつ。国清公（輝政）大いに怒らせ給い、あっぱれ不覚のものかなと宣うままに、鐙のはなにて首を砕けよと蹴り給う。蹴られてもちっともひるまず、やあ若殿こそ不覚なれ、とて片手に轡をしっかりと執る。鞭を当てて馳す。馬はさすが逸物なり、鞭はしきりにあてられぬ。飛ぶがごとくに駆け行けば、国清公なお腹立て給い続け様に蹴り給うほどに、頭蹴りかかれて流るる血遍身朱に染まれども、ついに放ちやらざれば力およばせ給わず。山脇源太夫、下濃将監などもたしかに父上の引き取り給うを見たるとて、藤左衛門とともに守護し引き退き、佐奈大明神の森に入り、しばらく息を継ぎ給う……」

輝政の〝覚悟の暴走〟を、家臣の番藤左衛門が、馬の轡を持ったまま離さず、頭や首を蹴られて全身血まみれになりながら制止している。父は生きている、と虚言を弄してまで池田家の血脈を絶えさせまいとする家臣団の必死の様子がよく読み取れる。

実はこの時、輝政は父の軍勢の中にはおらず、家老の伊木清兵衛の陣にいた。というのも、この戦に際し池田家は家康側につくものと思われていたのだが、恒興は一転、秀吉支持を打ち出したのだった。このため秀吉は、恒興の動向に懸念を抱いていた節があり、輝政を人質として差し出すよう恒興に命じたのである。これに対し伊木が「恒興に二心なし」と猛烈に反発、輝政を自分に預けてほしいと懇願し、人質は回避されたいきさつがある（『長久手町史』など）。

こうした経緯から輝政は、伊木軍の中にいた。もし、父の本隊にいて、兄・元助らとともに戦っていたなら、討ち死には免れず、池田家は完全に滅んでいたことになる。輝政と池田家にとって、まさに運命の戦であった。

長久手の激戦地から北を望むと、家康の本陣「色金山」が指呼の間に望まれる。その山裾一帯に展開する井伊隊など家康軍に向かって、輝政は突進しようとしたのである。

この戦で、家康にとっての最大の敵将は池田父子と森長可であった。その三人を討ち取った家康が、局地戦ではあったが、大勝利を得て、終戦処理に入ろうとしていたその時、輝政の突進劇が起こった。家康は輝政の行動を見ていただろうか。色金山からの眺望は、長久手の古戦場が一望できる。野戦の状況把握に傑出した眼力を持つという家康だから、この動きを見ていた可能性は大いにある。それまでは池田家の二男坊など、たぶん家康の眼中になかっただろうが、自らも死を求めて単騎、突進する輝政の姿を見たならどのように映っただろうか。いずれにしても、家康と、輝政が相まみえたのは、これが初めてで、以後、家康—輝政の間に「歴史の太い糸」がつながっていくのである。

池田恒興討ち死に場所に建つ供養塔「勝入塚」＝長久手古戦場公園

## 祖母〝大おち〟が存在感

当主と嫡男を失った池田家は、存亡の危機に陥る。恒興の大垣十三万石、元助の岐阜十万石をどうするか――秀吉も悩んでいた節がある。

というのも、この長久手合戦は、秀吉の作戦ミスからの敗北であるとの見方が強い。家康の本拠・岡崎をたたき、家康の本陣・犬山城と結ぶ補給路を断つことを目的としたいわゆる「三河中入」という大胆作戦が破綻したのだ。先頭部隊と殿軍との距離が大きく開いたその隙に、家康軍が割って入り、分断された秀吉軍は完敗した。その責任について、秀吉は、作戦の進言者とされてきた羽柴秀次、池田の関係者らを強く叱責したとされる。

しかし、先述のように、作戦の積極的な推進者は秀吉自身であったともいわれ、これが失敗したため、責任を秀次らに転嫁したとの見方も強い（『長久手町史』）。であるなら、池田家の悲劇は秀吉のせいになる。だから、お家取り潰しは忍びない。歳は若いが、二男の輝政に継がせるしかないか。それにしても大垣・岐阜の石高は多すぎる――。そんなことを秀吉は考えたのだろうか、領地を輝政と、池田家筆頭家老の伊木清兵衛忠次に分配する案も出たといわれる。伊木は、実力家老として秀吉らから当主並みに見なされ、後にも家康から同じような扱いを受けていたという。伊木をさらに取り立てようという秀吉の思惑が分割案になったのかもしれないが、伊木はこの分割案に強く反対、「古新（輝政幼名）は大将の器である。もしこの二男に家督が許されるのであれば、自分が後に大国の主に封ぜられるよりも光栄である。それでも許されなければ死をも覚悟する」とまで言って輝政単独相続を主張したという（『略記』）。

こうした経緯もあってか、秀吉は、輝政の家督相続を認めることになる。相続に当たり秀吉は、恒興の母つまり輝政の祖母「養徳院」に文を送っている。恒興の死を悼むもので、珍しく熱い心情を込めた、異例の文である。少し長いが、次にその概要を引用する。

「今度は勝入（恒興）親子の儀、中々申すばかりも御座無く候。それさま御力おとし、御愁嘆推量申し候…親子の人不慮の儀、我等力落とし申す事、数限りも御座無く候。三左衛門殿（輝政）、藤三郎殿（長吉）両人何事なく事我等一人の嘆きの中の喜びとはこの事にて候。両人はせめて取り立て申すにてこそ勝入の御法事を送りもうすべく候と満足仕り候事。

それさま（養徳院）途方御座あるまじきと存じ候て、これのみばかり案じ申し候。是非とも力を御出し候て御嘆きをやめられ両人の子供たちの儀、御肝を煎られて候て勝入親子の弔いにもなり申すべく候まま是非とも頼み申し候…

宿老衆（恒興重臣）その外残り候人衆、三左衛門殿に付け申し候ようにいたしたく候間、その御覚悟なされ、御愁嘆御やめ候て給わり候べく事。

勝入を見させられ候と思し召し候て、筑前をご覧じ候えと何ようにも馳走申し候。…ここもと暇をあけ御見舞いに参り、その時勝入親子のこの間御ねんごろの儀ども、せめて御物語り申し参らせ候。何はにつけて、それさま御心のうち推量申し候て御いとおしく存じ参らせ候。

孫七郎（羽柴秀次）参らせ候。そこもと下々騒ぎ候わんと存じ、御城の留守居につかわし参らせ候。孫七郎めも命を助かり候も、せめて三左弟兄のためになりかかりにて候と御うれしく思い参らせ候。詳しくは弥兵衛へ申し参らせ候えと候」

勝入（恒興）と嫡男元助の突然の死を悼み、養徳院の悲しみを察し、戦の手が空いたなら親子の話でもしたいと慰めつつ、（生き残った）秀次を大垣に派遣して家臣の動揺を抑えたうえで、池田家を輝政に継がせ、新たなる発展を願うという秀吉の心情を伝え、（息子の）勝入を見たいと思うなら筑前（秀吉）を見て心を癒してほしいとまで言っている。秀吉の文としては非常に珍しく、異常なほど感情のこもった文面である。心からそう思っているのか、秀吉一流の〝人たらし〟の妙も感じられるか、微妙な読み方ができようが、根底には、養徳院という織田信長の乳母に対する畏敬の念のあることも、十分感じ取れる。

秀吉はまた、これと前後して、養徳院に対し何通もの文を出している。中には、〝堪忍料〟とでも言える領地八百貫文（約六千石相当）を美濃で与えるという異例の折紙も残されている。信長の乳母という血脈を継ぐ有力家臣の当主と嫡男を、ひょっとすると自分の判断ミスで死に追いやってしまったという秀吉の自戒の念も透けて見えよう。おそらく、こうした複雑な心境の発露が、この特異な文となっているのかもしれない。同時にそれは、養徳院の存在感をさらに高め、ひいては池田家の「重さ」もいや増しにさせるものであった。

## 輝政、岐阜十万石に――天守・惣堀を築き城下町整備

父と嫡男の死を受けて、二男の輝政はとりあえず父の領した大垣十三万石を受け継ぎ、すぐに岐阜への転封が決まった。兄の元助がいた城である。池田家嫡男が領した岐阜をそのまま二男の輝政が引き継いだという形がとられている。したがって石高は、兄元助のと同じ十万石。輝政は、初めての本格的な城持ち大名となったのである。

岐阜城は、長良川の南岸にそびえる標高三二九メートルの金華山頂に建つ信長ゆかりの堅固な名城だ。山頂の城（館）は合戦時の本拠として使用するもので、信長らが政務に当てた居館は山ろくに建っていた。岐阜に招かれた宣教師フロイスは、居館の内部や山頂の城からの展望を書き残しているが、山城の外観については不明である。フロイスは平屋と記しているが、江戸初期の『遺老物語』（小瀬甫庵）は二階建てとする。信長の後、岐阜に入城した織田信忠（信長嫡男）、信孝（信長三男）、さらには輝政の兄・元助らは、信長同様、居館と山城を使い分けていたが、ことに山城については改造などしておらず、城郭としての外観は備えないままであったようだ。

岐阜に入城した輝政は、寺社などに田畑寄進や諸役の免除の制札を発給する一方、債務不履行時の強制差し押さえを禁止、さらに「楽市」の制札も掲げるなど城下町の整備をも進め、支配権を確立していく。そして「輝政政治」の象徴として信長の山麓御殿の抜本改修、次いで軍事拠点として山頂の城の大改造に着手し、ここに初めて天守閣を有する城郭を建ち上げるのである（『岐阜県史』）。

輝政の建てた天守閣が、どのようなものであったかはっきりしない。実はこの岐阜城は、関ヶ原合戦後の慶長六年（一六〇一）に破却され、山の南方にあった斎藤氏時代の「加納城」跡に移設されるのだが、その時に描かれた「御三階」と呼ばれる城郭絵図が残っていて、これが、輝政の手になる岐阜城であるとされる。これを見ると、実に形の整った三重天守の本格的な城郭で、輝政の城郭に対する熱い思いが感じられる。フロイスの書き残した「信長の山城」を解体し、

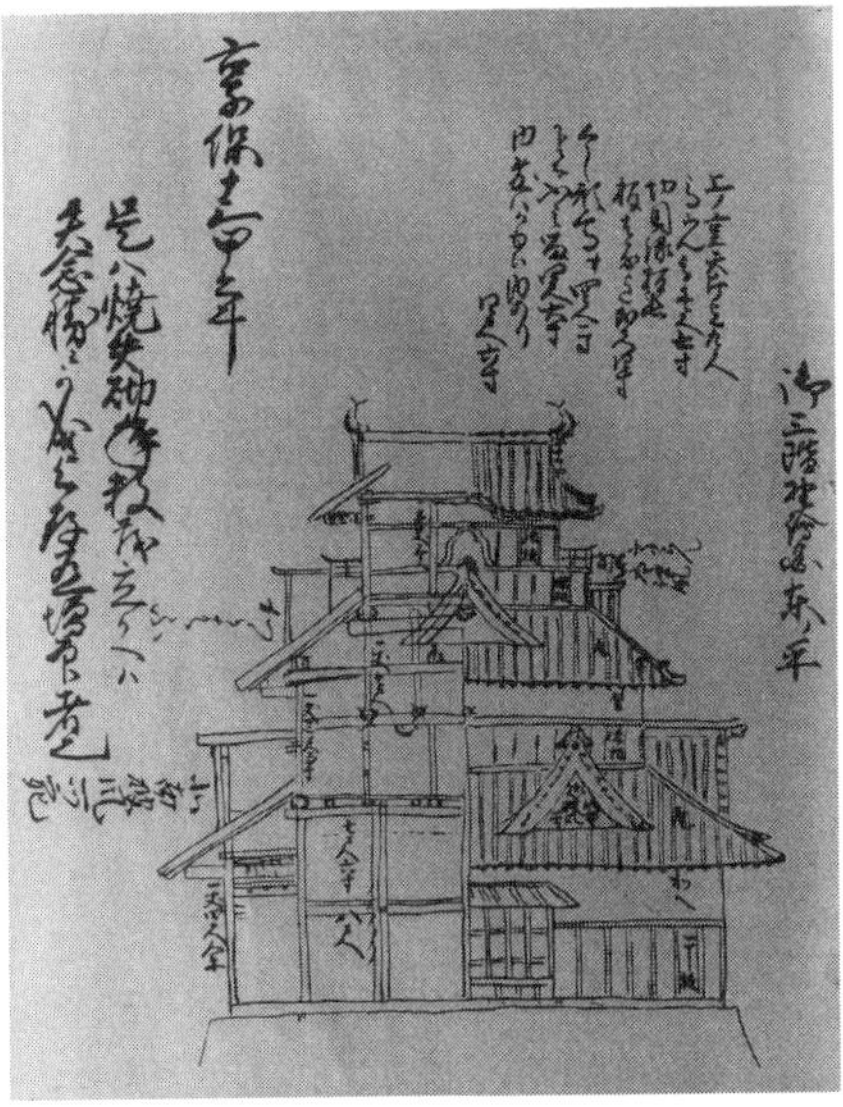

輝政の建てた天守で後に加納に移されたとされる「御三階」図（江戸期の模写『加納町史』）

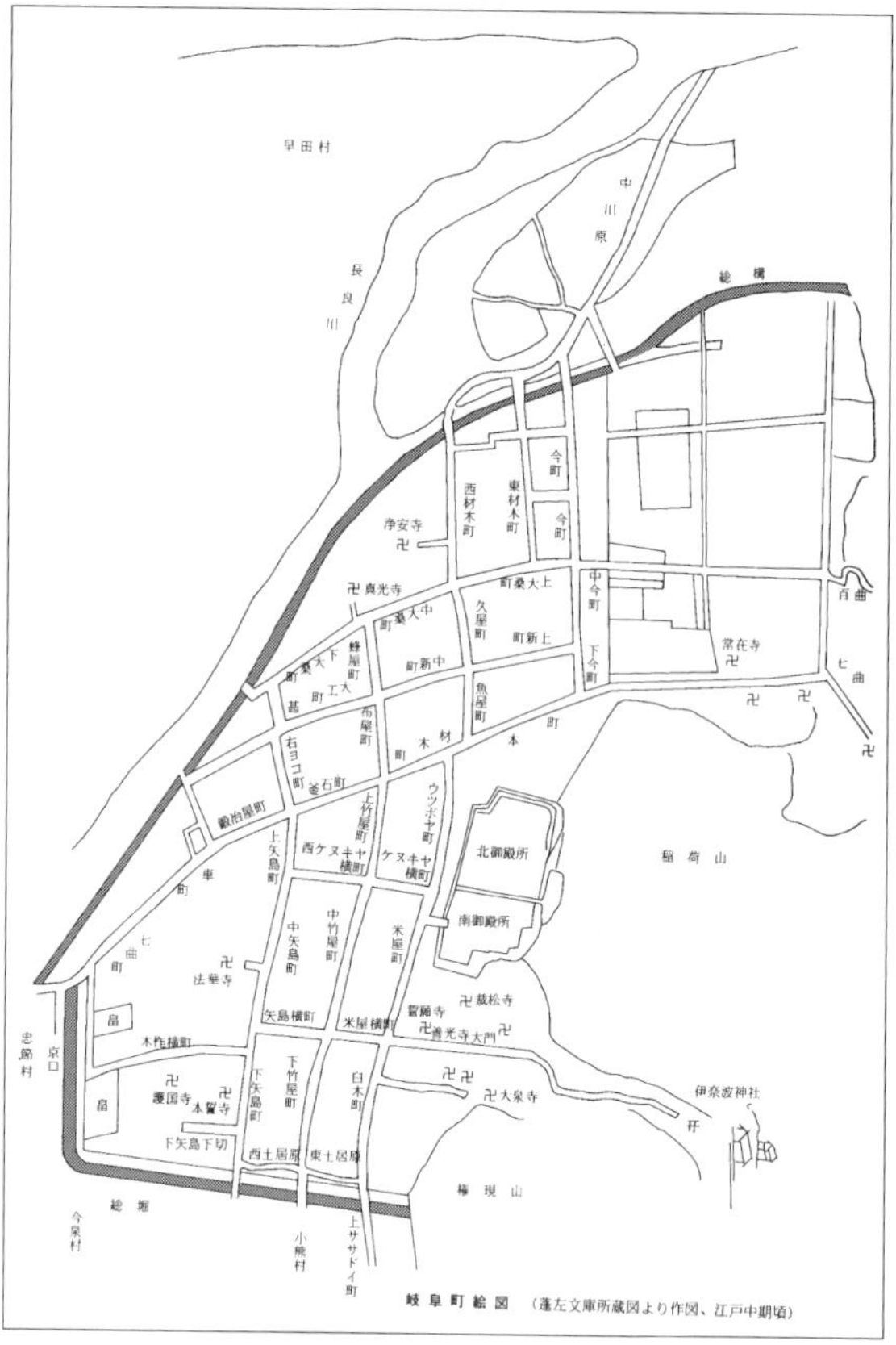


岐阜城下の町割図。左下鍵型の堀が輝政の造った「惣堀」（濃尾歴史文化研究所『岐阜城』）

その跡に新城を立ち上げたことが容易に想像できる。この城が、後に輝政が築く姫路城の原型にもなっているという指摘もある（『東海の城』中島至など）。なお、昭和三十年に再建された現在の模擬天守は、この図とは違ったものになっている。

岐阜の城下町は、新しい山麓御殿―政務センターを〝扇の要〟のようにして、北、西、南へと街域を広げている。旧地名の「井の口」を「岐阜」と改めた織田信長の残した遺構である。町の北辺と西辺は長良川によって仕切られており、この流れがいわば天然の「堀」となっている。そして堤防そのものが堀の土塁を兼ね、町の北、西方面を防御するという構造である。しかし、西の南端付近から南辺には区切りがなかった。輝政は、そこに南北―東西につながる鍵型の堀（惣堀）を新設した（『美濃雑事記』）。幅五―九間（九―十六メートル）あったといわれ、内側には掘り揚げた土を積み上げ土塁を築いたという。長良川堤防と、この惣堀・土塁を総称して「惣構」と呼ばれるが、輝政は、この惣構に囲まれた新たな城下町の整備、発展を図っていくのである。「岐阜といえば信長」を思い浮かべるが、城といい、城下町といい、輝政の影も濃く、大きい。

新たな任地において、まず、旧来のインフラを改良・改革し、新たな付加価値をつけて領地経営にあたる――そういう手法を、輝政は、この岐阜で身に付けるのである。改革する対象が、偉大な信長であれ、秀吉であれ、かまわず自らの手法を通す。古い中から新しいものを生む――幼名に象徴される「古新の思想」とでも呼べるものを持ち合わせているようであるが、姫路で、〝太守〟として大きく開花する輝政政治の源流は、ここ岐阜から発している。

## 糸姫をめぐる〝悲劇と僥倖〟

岐阜における輝政の動向で、もう一つ注目すべきことは、正室・糸姫との関係だ。糸姫は摂津の有力武将・中川瀬兵衛清秀の息女である。二人の間に第一子・新蔵、後の利隆が生まれている。

父を亡くした直後の輝政だけに、後継者の誕生はこの上ない喜びであった。家中ともども、高揚した気分の中で岐阜に入ったことだろう。ところがその後、糸姫が体調を崩したという。

「御産後御血おさまらず御物狂わしく渡らせ給いしかば、中川家に帰らせ、ご養生ありけれども全快し給わず……」(『略記』)

いわゆる〝産後の肥立ち〟が悪く、心身に変調をきたしたというのである。糸姫は実家の中川家に帰り養生を続けたがついに全快せず、そのまま同家の転封先である豊後・岡城(大分県竹田市)に移り、輝政他界の二年後、元和元年(一六一五)十二月に亡くなった。「天龍院」と称され地元の寺院に葬られた。その後、池田家では、輝政の孫・光政の時代になって、この祖母を「大義院」と称し岡山の国清寺(輝政菩提寺)に改葬すべく中川家に諮ったが、かなわず、位牌のみをまつることとしたという(『略記』)。

中川家の改葬拒否は、両家にある種の〝わだかまり〟が続いていたことを物語っているようにも見える。もしそうなら、恐らく、糸姫離別後すぐの再婚、つまり徳川家康二女・督姫を輝政がもらい受けたことと深く絡んでくると思われる。このことは次節以降に触れることにするが、いずれにしても、輝政にとって、この岐阜を領したことが、後の関ヶ原合戦時における最高の武功となる岐阜城攻めの成功につながり、同時に糸姫から督姫へという正室交代劇を通じて家康との強固な関係を決定的なものにする〝僥倖〟をもたらすことになるのである。

## 3　三河吉田で異色の城郭――姫路城へのプロローグ

### 秀吉側近で各地転戦

岐阜で、初めて〝城持ち大名〟となった輝政は、城郭及び城下の整備を進める一方、秀吉の天下統一作戦にあたっては、その主要な軍事勢力として各地を転戦している。

天正十三年（一五八五）三月、秀吉は、紀州で反抗する根来《ねごろ》、雑賀《さいか》衆に対し討伐の兵を起こした。彼らは、古くからの有力鉄砲集団で、小牧・長久手合戦では家康に味方するなど、反秀吉を鮮明にしていた。その中心拠点が紀州の根来寺、太田城などであった。秀吉は数万の軍勢で根来寺を落としたあと、太田城では奇策の水攻めを敢行する。高さ三―五メートル、全長六キロにも及んだともいわれる堤防を急造、食料備蓄のない太田城を一気に落とした。輝政の具体的な行動はわからないが、軍功を上げたと『池田家履歴略記』に記されている。

その八月には佐々成正の征討に近江へ出陣。二年後の天正十五年には、秀吉の九州征討に参戦、日向に軍を進めた。この戦は、最終的に島津が降り、これで小田原の北条氏を除き、秀吉の全国制覇はほぼ完了した。九州征討の後、輝政は、池田姓から羽柴姓に改める。秀吉の命で、〝羽柴一族〟としての地位を確立するのである。輝政に対する秀吉の並々ならぬ思い入れが見て取れる。

翌年、後陽成天皇が秀吉の聚楽第に異例の行幸をする。輝政は、弟長吉とともに行幸供奉を命じられた。そのための「身分」が要ったのだろうか、羽柴姓から豊臣姓に替わっていた秀吉に倣い、輝政も、同様に羽柴から豊臣に改姓したうえで「従四位下侍従」に叙任された。後に輝政が「岐阜侍従」「吉田侍従」と称されるのはこのためだ。後陽成帝の行幸に列した諸大名は、いずれも永遠の象徴である「松」にちなんだ歌を詠むのだが、輝政も、「関白豊臣秀吉」の歌に続いて、「夏日　行幸を聚楽第に待ち、（関白と）同じく松に寄せて祝う詠倭歌《わか》」と題して、こんな歌を残している。

君が代の深きめぐみを松の葉のかはらぬ色にたくえてぞみる
侍従豊臣輝政

二十五歳になった輝政の、関白・秀吉と共にある充実感、高揚感あふれる一首である。

### 「秀吉側近」で小田原城囲む

絶頂期を迎えつつあった秀吉の唯一の懸念は、まだ臣従の意思を示さない関東の北条氏と、その背後に連なる奥州の動向であった。北条早雲の流れをくむこの名家は、関東六カ国（伊豆、相模、武蔵、上総、下総、上野及び下野の一部）二百三十万石余を有し、秀吉への臣下の礼を拒否、小田原城下の防備をさらに固めて戦も辞さない構えを見せる。北条氏政、氏直父子は、武田、上杉をもってしても落とせなかった堅固な城構えに自信満々であった。また、氏直の正室・督姫（後の輝政正室）が家康の二女であったことから、三河・遠江・駿河・信濃・甲斐を治める家康が味方に付くと読んでいた。これが誤算となった。秀吉は家康を含む全国の大名を招集し、北条討伐の兵を挙げる。こうして、天正十八年（一五九〇）三月、小田原合戦が始まり、輝政は、秀吉の主力部隊として岐阜から小田原に向け出陣する。

北条側は、箱根の西側に防衛ラインを敷いていた。今の三島市にある山中城のほか、韮山、足柄に城を構え、西からの秀吉軍を阻止する態勢を固めていたのだ。輝政軍は、このうち、山中城への攻撃に加わり、一気に落とすと、秀吉軍本隊とともに箱根を超え、小田原城に迫った。輝政軍は、秀吉本隊の右翼として、小田原城の正面を睨む。小田原包囲網の最先端に陣を敷いたのである。

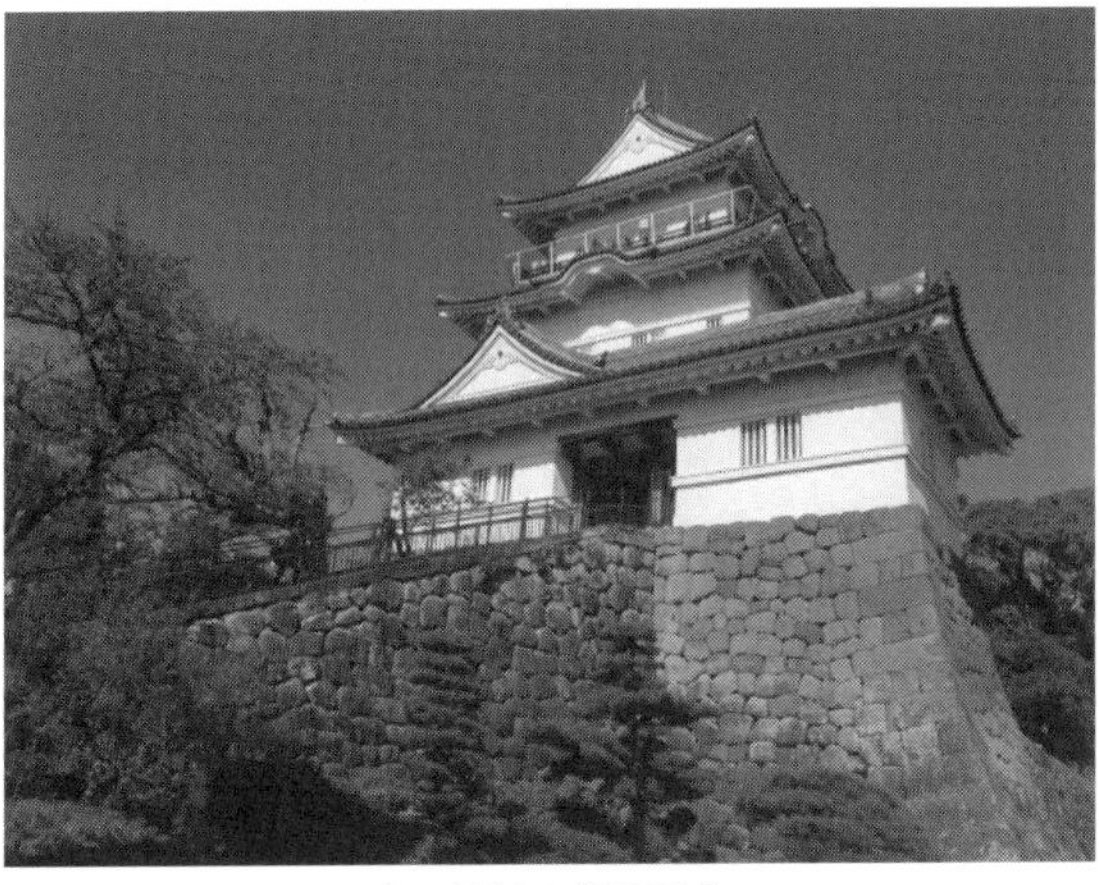

小田原城の復元天守

城下町と城を一体化し、その周囲を長大な堀で囲むという「惣構の堅城・小田原城」は容易に崩せない。そんな中、六月半ばになって、北条側の重臣筆頭・松田憲秀《のりひで》とその二男・政堯《まさたか》が主家を裏切り、秀吉側に内通。輝政らを城内に引き入れて北条本隊に襲い掛かるという策謀を企てる。輝政は、同十七日を期して小田原城内への突入を図るべく構えていたところ、十五日、この密謀が発覚してしまう。父・憲秀の行動を不審に思った長男の直憲《なおのり》が、内通に気づき、主君・氏政に事を告げたのだ。父と弟は即座に捕縛され、輝政らの城内突入はならなかった。輝政らは、北条側と何らかの交渉を続けていたと思われ、その過程で、松田の裏切りを誘い出したのだろう。

この松田父子について、こんな話が残っている。秀吉の戦後仕置きの際、松田父子の処分も行われ、黒田如水（官兵衛）がそれに当たった。憲秀はすでに切腹を命じられ果てており、内通した二男と、内通を暴露した長男、この二兄弟の処分をどうするかについて多くの関心が集まっていた。その直前、秀吉は、如水に対し「松田を誅せよ」とだけ指示していた。誰もが、内通を暴露して輝政軍などの突入を妨害した長男・直憲が処刑されるものと思っていたというが、なぜか如水は、秀吉側に内通した弟の政堯を斬ったのである。如水は表向き「自らの大失態」であることを装ってわびたというが、実は、どちらが主君に忠であるか、という秀吉の内心を読み切った如水の絶妙の仕置きとして『老人雑話』などで語り継がれている。直憲は、のちに加賀前田家で五千石を領した。

こうした内通や、いわゆる「一夜城」の奇策もあって、その七月、北条氏は秀吉の軍門に下った。氏政らは自刃、氏直は罪一等免じられ高野山に送られたが、翌年病を得て急死。正室の督姫は、生家の徳川家に戻った。

輝政はその後、蒲生氏郷らと奥州に向かう。なお帰順していなかった伊達政宗らに対峙するのだが、やがて奥州も平定される。輝政は、当地で検地に当たり、文字通り天下を平定した秀吉の若手大名として重きをなしていくのである。

## 論功で三河吉田十五万石に

小田原落城から二日後の天正十八年七月十三日、秀吉は合戦の論功行賞を行った。最大級の功労とみせかけるように徳川家康と織田信雄（信長二男）を遇する「転封」を発表した。家康には、北条氏の旧領である相模、武蔵など六国に二国を含む広大な関八州を、そして家康が去った三河、遠江、駿河など五カ国を信雄に与えようとした。家康は〝東国払い〟を承知の上で受けたものの、信雄は、旧来の支配地である美濃、伊勢に執着した。織田家発祥の地を離れることに強く反発したのである。

信雄の態度に、秀吉は激怒する。信雄を那須（下野）に追放、わずか二万石で佐竹義宣に預けるという厳しい追放処置をとった。結果的に家康の旧領地が浮いた。秀吉は、ここに、将来を嘱望される若手の大名を配置する。関東に移った家康軍の西進を、東海道の要衝で阻止しようという政治的目的もあった。まず、甥の秀次を清須に入れ、その配下のような形で田中吉政（岡崎城）ら三人が新たに城主に取り立てられ、各一城を任された。さらに、浜松には佐和山から堀尾吉晴、掛川には長浜から山内一豊、駿府には岸和田から中村一氏がそれぞれ転封。そして、輝政は、彼らの筆頭格として岐阜から三河吉田（豊橋市）への転封が決まったのである。信濃、甲斐には仙石秀久、加藤光泰が配され、家康の旧領すべてが秀吉側近に分割されたが、輝政の石高は彼らの中で最高の十五万二千石。岐阜から五万二千石の大幅加増であった。

この、新しい大名配置が行われた時、輝政は先述のごとく、奥州平定の最中であった。新しい所領での差配もままならぬまま、秀吉に従い会津から京へ移動している。名実ともに天下人となった秀吉の〝側近〟として確固たる地位を得たことを、輝政は実感していたはずである。

一方、関東移封を命じられた家康は、三河、遠江などの諸城主ともども、江戸に向かい、遅くとも八月末までには、旧領を離れたようだ。その後へ、秀吉配下の若手城主が次々と入城し、家康の西下に備えての「楔《くさび》」が打ち込まれる。輝政が吉田城に入城するのは、恐らく秋風の吹き始める九月になってからと思われる（『豊橋市史』）。

## 新たな装いで吉田城改築

吉田は古来、東海の要衝であった。渥美湾に注ぐ豊川を挟んで東西の勢力が激戦を繰り広げてきた。「城」が姿を見せるのは異説もあるが永正二年（一五〇五）とされる。城主は牧野古白。当初は「今橋城」と称した。豊川に掛かる「橋」は、当時から東西交流になくてはならない、かけがえのない交通インフラであった。その重要性から、橋を押さえる城郭にこんな名称がつけられたのだが、後に「吉田城」と改められた。東の今川勢との間で、何度も攻防が繰り返されるが、今川衰退後は（松平）家康が勢力を得て、吉田城攻略に成功した後、三河全域支配を成し遂げるのである。そして、吉田の重要性にかんがみ、永禄七年（一五六四）、〝徳川四天王〟の一人酒井忠次をその城主に据えた。忠次は、家康の関東移封まで、現城地の北に隣接する「金柑丸《きんかんまる》」と呼ばれる一角にあったという城館にいた。

輝政は、この酒井忠次の治世を引き継いだ。岐阜では織田家の後を、吉田では徳川の後を任されるという、輝政にとっては自らの地位を誇示する好機となった。

吉田入りした輝政は、まず検地を実施し、領内把握と支配権の確立を狙った。続いて、岐阜と同様、新しい城郭の建ち上げと城下の整備に取り掛かる。前城主の酒井忠次は、三万石足らずの小大名であったが、輝政は十五万石を超える。それにふさわしい城郭を築く必要があった。

新構想の城郭の縄張りは、異色のものであった。まず、豊川の流れをそのまま利用して城の背後（北面）を仕切ったいわゆる「後堅固《うしろけんご》」の構えとし、その南に城地と城下町を展開させている。城は、本丸を北面中央に置き、外周を二の丸、さらにその外周を三の丸とし、それぞれを本丸堀、二の丸堀、三の丸堀と呼ばれる堀（空堀）で仕切っている。最も外側には「惣堀」と称される長大な堀が穿たれ、城下町を形成した。

これらの堀は、U字型というより、角ばった半円形に掘られ、それぞれの半円の左右の先端はいずれも豊川につながっている。いわば、豊川の流れが、各〝半円堀〟共通の上弦部分となっているのである。半円形に掘られた四重の堀によって構想された縄張りは、いわば「半円郭式」とでも呼べるものである。「円郭式」というのは、本丸を幾重かの同心円状の堀で囲んだ構造を指すが、輝政が手掛けた吉田城の場合、城地を仕切る円状の

吉田城下の町と堀

輝政の築いた石垣（鉄櫓基礎部）

本丸の四隅に櫓を配した吉田城

堀が半円形であり、しかも本丸が中心ではなく北辺の位置しているため、『豊橋市史』ではそう命名している。いずれにしても、異形の縄張りである。

輝政の手になる吉田城のもう一つの特徴は、本丸における櫓配置である。通常、本丸中央部には「天守」が建つが、輝政は、ほぼ正方に近い本丸（約四千平方メートル）の四隅に櫓を配した。豊川に接する北面には、強固な石垣が積まれ、背後の防備を固めている。櫓は、いずれも、当時としては最大規模を誇る美しい三重櫓である。

四棟ともスタイル、規模はほぼ同じだが、南西隅に建てられた通称「鉄櫓《くろがねやぐら》」が天守と位置付けられている（『吉田城シンポジウム記録』)。四隅に配された櫓(小天守)は、後にいわゆる「連立天守」と呼ばれる最も進んだ姫路城の天守構造の原型のようにも見える。城を囲んだ敵方勢力を分散させ、同時に四方八方からの攻撃に対して全方位で迎撃できる「攻・防自在」の異例ともいえる新しい城郭構造を、輝政は、ここ要衝・吉田で模索している。そして、その延長線上で後の姫路城があったと考えたい。

## 「鎧堤」——治水にも新技術

吉田における輝政の業績は多々あるが、代表的なものとして豊川の治水対策をあげておきたい。酒井忠次ら従前の城主たちも、その治水には格別の意を用いてきたのだが、輝政のそれは、スケールが違っていた。まず、豊川河口近くに港町を開いた。

「船町ノ儀、古ハ河原同然ニテ家居満者良《まばら》ニ御座候処、池田三左衛門様御城主成ナサレ、堤等丈夫ニ仰セ付ケラレ……」(『三州吉田船町史稿』)

吉田を代表する港町である「船町」の草創について書かれた元禄二年(一六八九)の文書である。人家のまばらだった低湿の氾濫域に、輝政が大規模な築堤をし、民家を集結させて新たな町を開いたという。船町はその後、藩の船役を一手に引き受ける重要な役割を付加される。港という外に向かった都市インフラを、まず整備したのである。海路の重視は、姫路でも受け継がれている。

続いて橋の建設に着手する。実は、東海道の川には原則として橋は架けなかったのだが、例外として近江の瀬田、三河の矢作など数か所、ごく限られた橋しかなかった。吉田はその一つで、いわゆる土橋のようなものが架けられていた。しかし、出水の度に流出し、例えば、小田原合戦の際、行軍中の秀吉の大軍が数日足止めされたこともあった。

輝政は、こうした事態を回避するため、より頑丈な橋を、旧土橋跡から南に下った現在の「とよばし」の位置に付け替えた。これにより、船町の発展とともに東海道の交通にも大きく寄与した。歌川広重らが描いた浮世絵にもしばしば登場するのは、この橋である。

もう一つ、ユニークな土木工事がある。「鎧堤《よろいつつみ》」と呼ばれる治水対策である。堤防で洪水を防ぐより、部分的に堤防を築かず、増水した流れをこの間から堤防外の遊水地に流し、下流での溢水を防ぐという全く新しい逆転の治水工事である。現代の治水工事にも援用されている特殊な工法であるが、豊川の「鎧堤」が、いつ誰によって考案され、実現したかについての確証はないものの、『豊橋市史』では、これほどの大規模工事は、十五万石の輝政以外には考えられないとしている。

ほかに、特筆すべきものとして、伝馬制度の充実があげられよう。要衝の地・吉田においては、東西の情報が頻繁に行き交う。その伝達と収集のため、要所に連絡手段を確保するのである。例えば、浜名湖南縁で遠州灘につながる「今切《いまぎれ》の渡し」は、最重要路であり、ここに馬四十六頭を配置し通行人と情報の管理に当たり、さらに船守に特別の土地を与え、諸役を免除して確実に任務に励むよう指示した(『豊橋市史』)。

浜名湖は、渡り鳥の集結地であり、冬場にはハクチョウ類が多く飛来する。その渡り鳥の季節に、家康の二女で北条氏から帰っていた督姫が、「今切の渡し」を経て三河入りする。文禄三年(一五九四)十二月。吉田侍従・池田輝政との婚姻が整ったのだ。輝政の政治的立ち位置を大きく変える婚姻は、この「今切」から始まる。

# 第三章

# 関ヶ原での大飛躍

―家康とともにした壮年期

# 1　督姫娶り、家康の女婿に

### 督姫との婚姻は秀吉の命

岐阜から移封した三河吉田（豊橋。以下吉田）で、新たな城郭の建造と、城下町づくりを急いでいた池田輝政は、豊臣秀吉から、思わぬ命を受ける。

「徳川家康の二女・督姫を娶れ」

というものだった。関東に移った家康の、西への進軍を食い止める〝くさび〟として東海道の要衝・吉田に移封された輝政にとっては、戸惑いを感じたかもしれない。しかし、秀吉の命は、絶対である。すぐに、婚儀が整ったものと思われる。

督姫は、先述のように、小田原・北条氏の当主、氏直の正室となっていた。東西に領土を接する北条、徳川両家は、友好関係というより「不可侵の関係」を築きたいというお互いの思惑が重なり、政略的に督姫は小田原に輿入れしていたのであった。しかし、北条氏政、氏直父子は、豊臣政権に対し臣従関係を拒み続けた結果、秀吉軍との間で小田原合戦が勃発。頼みの家康も、敵方となってしまった。圧倒的な兵力で開城を迫る秀吉軍に抗しきれず、天正十八年（一五九〇）

七月、ついに北条氏は降伏する。氏政は切腹。氏直は督姫の夫ということもあって死罪を免れ、高野山に追われ、一年後に病死した。小田原落城とともに督姫は、父・家康の元へ帰ったが、恐らく失意の日々だったであろう。

秀吉は、そんな督姫を慮ったのだろうか、新たな婚姻を画策する。政略を巡らせ、その相手に選んだのが輝政であった。輝政は、前室の糸姫と離別したばかりで、単身、岐阜から吉田に移封していた。夫を失った督姫と、正室を離別した輝政。政略を巡らす秀吉にとっては格好のカップルと見えた。家康に対しては、娘の婚家を紹介して恩義を売って懐柔できる。輝政に対しても、後室を見つけることでさらに手なずけ、東海道の要衝・吉田の防備――すなわち家康の西下への備えに専念させられる。督姫を、いわば家康からの人質として置く訳で、これは秀吉のあからさまな政略結婚話であった。

良正院（督姫）木像（良正院蔵、鳥取市歴史博物館提供）

この婚姻話は、江戸に移ったばかりの家康にとっても、十分に政略的に受け止めていた。娘の将来もさることながら、秀吉との関係をともかく保ち、ことさら壊したくないとの思惑がある。相手の輝政は、急速に台頭してきた若手の有力大名として、いずれ配下に置きたい武将であっただろう。秀吉の要請を、すんなり受けたと思われる。

一方、輝政にとっても悪い話ではなかったはずである。秀吉の要請を素直に受けることは、豊臣政権内での地位を確固たるものにできる。同時に秀吉の対抗馬としてナンバー2にのしてきた家康の娘婿になることは、それだけ、自身の将来の政治的地位を高めることになる。ただ、家康が、打倒秀吉を掲げて西下してきたとき、娘婿として〝くさびの吉田〟でどう防ぐか。小田原合戦で家康は、娘婿の北条氏直に容赦しなかったように、吉田でも同じ振る舞いをするかもしれない。悩ましい思いはあったかもしれないが、ともかく、前向きに受け止めたのであろう。

二人の、お互いを想う心中を推し量るすべはないが、このように、婚姻話は一気に進んだのである。

## 「今切」で〝名弓〟の出迎え

輝政と督姫の婚姻が整ったのは、文禄三年（一五九四）八月とされる。異説もあるが、婚儀は同十二月二十七日、新装なった吉田城で執り行われたという。輝政三十一歳、督姫三十歳。ともに再婚であった。

年の瀬の慌ただしいなか、督姫の輿入れの列は江戸を出立し、東海道を西へ向かった。先の婚家であった小田原を通過し、つい先ごろまで父家康の所領であった駿河、遠江を経て、三河へと進んでいったのだが、三河入り直前の「今切《いまぎれ》」で、〝武芸のドラマ〟が演じられた。ハプニングか、あるいは、婚儀を盛り上げる〝演出〟だっただろうか。

「今切」とは、浜名湖の南縁が遠州灘とつながる〝徳利〟の口のようになった開口部分のことである。かつては内陸の湖であった浜名湖だが、明応七年（一四九八）年の大地震で南縁が決壊し巨大な裂け目ができ、遠州灘と一体になってしまった。さらに、永正七年（一五一〇）の大津波によってこの開口部は東西約三キロ幅にまで拡大し、現在ある大きな切れ目―「今切」が出現したのである。この徳利口の東・西両端すなわち舞阪と新居（荒井）を結ぶ水路が「今切の渡し」と呼ばれ、東海道における交通の最重要地点となっていた。後に家康はこの要衝に「新居関」を設け、東海道の往来を監視したが、輝政もこの地の舟守を優遇して、通行、情報の管理を厳重にしていたことは前章で紹介し

歌川広重　東海道五拾三次「荒井（新居）」

た。

　この今切で、輝政配下の主だった武将が督姫の輿入れの列を迎えていた。その中にただ一人弓を手にした者がいた。伊庭惣（総）兵衛という。弓取りの名手で、土器《かわらけ》を射れば、土器は壊れずに真ん中に矢の穴だけが開いたというし、歩きながら鳥を見事に撃ち落とすという早業の持ち主だったという。輿の中の督姫が、この「音に聞こえた」伊庭を見つけたのだろうか。従者を遣わして、ちょうど湖面で遊んでいた羽白《はじろ》（ハジロガモ）のつがいを射抜いてほしいと、惣兵衛に求めてきたという。『武将感状記』『池田家履歴略記』に以下の記述がある。

「……（督姫側の）輿副の人、使いを以て、人多き中に独り弓を持たせらるるは承り及びし伊庭殿にてや候…さらばこの洲崎に羽白一番《ひとつがい》浮かんで候。願わくば一矢遊ばされ候へかし。見物仕らばやと云。伊庭、難儀の所望かな（……と思いつつ）心得候ひぬとて、矢を番《つが》ひて前《すすみ》みよる。其間三十間（三十丈とも）ほどになれば、羽白漸沖に出て遠ざかる。伊庭満引し、余り久しく保ちければ、是はいかにと見る所に、忘るばかりありて放つ。矢、其雄の胸中を貫き、其雌の尻（尾）を射切りたれば、両家一同に誉る声洲崎に響く。所望したる人、其矢に羽白を請うて取りて帰れり……」

　惣兵衛は、気乗りがしなかったというが、求めに応じて弓に矢をつがえる。しかし、じっと待ったまま、中々矢を放とうとはしない。つがいは、沖に出て遠ざかろうとするし、どうなることかと一同がかたずをのんで見守っていた。忘れるほどの時間がたったころ、惣兵衛の矢が放たれた。矢は、数十メートル先の雄の胸の真ん中に命中し、同時に雌の尻尾をも射切った。見事な腕前に、両家の人々から称賛の声が起こった。羽白を射てほしいと所望した督姫の家臣は、記念としてその矢と獲物の羽白をもらい受けて輿入れの列に帰った——という話である。

鉄砲の時代になっていたが、まだ戦国の弓術に魅力を感じる武将が多くいて、この〝弓の演武〟に見入ったのだろう。なお、この伊庭惣兵衛は、輝政とともに姫路入りした後、池田藩の因幡転封とともに鳥取に移り、番頭として重責を果たしたという。

## 「雌」を射落とさず、無念…

この今切における羽白の話には、続きがある。惣兵衛が、長時間、構えたまま弓を引かなかったのを不思議に思った友人が、なぜか、と問うと、惣兵衛は、こう言った。

「今日の祝儀同じくは番ながら射とらんと思い、相並ぶを待ちたれ共終々並ばず。少し並ぶやうなるを幸いに放ち候故、番ながら射とらで残念なりとぞ語りける」(『感状記』)

番が一つに並ぶのを待って、雌雄同時に射落とそうとしたのだが、うまくいかず無念であるという名手ならではの不満があったという。『感状記』にはそう記されているが、『略記』は少しニュアンスが違っている。『感状記』の「番ながら……」の部分は、『略記』では

「……番ながら射とらんと思い、鳥の居並ぶを待ちける処なり。されども、雌を射取らで遺恨なり」

と記されている。雌雄同時に射抜きたかったが、雌のほうは尻尾を射ただけで残念であると悔んでいるのである。『感状記』にある「番ながら」を省略して、『略記』は、ことさら「雌」を射取らなかったことを強調し、残念がっているところが微妙である。

実は、この話、武芸に対する督姫の深い関心と、これに対する弓取り名人の達人ぶりが見事に描かれ、戦国の時代相と武士の心意気、あるいは戦国武将の婚儀の雰囲気を的確に、興味深く伝えるシーンとして知られているのだが、『感状記』『略記』の差異から、池田、徳川両家の微妙な関係を読み解くことができるかもしれない。

江戸へ移った家康に対する防波堤として吉田に城を構える輝政だが、その家康の二女が輝政のもとにやってくる。三河―駿河の国境・浜名湖。その今切での羽白の番は、二人の姿すなわち、池田家と徳川家を象徴している。そんな番の一方、雄だけを射落としたのはどうも片手落ちで池田の劣勢を思わせてしまう。そこが惣兵衛にとって無念だったのかもしれない。池田としては当時、まだ徳川とは〝対等〟といわないまでも、秀吉をバックにそれに近い関係を保つ必要があった。なのに、雌は尻尾を切っただけに終わった。池田家として、それでいいのかという忸怩たる思いが、このエピソードの中に隠されている、とみるのは深読みしすぎだろうか。

## 石田三成と激しく対立

督姫と再婚したのは、秀吉による朝鮮出兵、すなわち「文禄・慶長の役」のいわば戦時下であった。輝政は出陣しなかったが、実弟の長吉が船奉行として、秀吉軍の拠点である肥前・名護屋城、及び朝鮮の前線に大量の兵糧を運び込み手柄を立てている。

朝鮮出兵は、慶長三年（一五九八）、秀吉の死によって終結するが、この間、福島正則、加藤清正、黒田官兵衛・長政父子らの前線部隊〝武闘派〟と、石田三成ら後方の秀吉側近との間に、深い溝ができていた。秀吉の死によって、その対立は決定的となり、同時に、家康の台頭によって豊臣政権内での勢力バランスが大きく崩れていった。

特に、許可なく有力大名との婚姻関係を深める家康の振る舞いに対し、三成ら五奉行から強い批判が起こる。家康襲撃の企ても発覚するなど、諸大名の集結する伏見の城下は騒然となっていく。『略記』にいう。

「大坂の四大老、五奉行の輩、関東（家康）を滅ぼさんとの企てあり。今年（慶長四年＝一五九九）正月の末より伏見・大坂物騒がしく、今にも一戦に及ばば、神君（家康）の御味方申すべきと国清公（輝政）並びに織田有楽・京極宰相・福島正則・その外数輩毎夜神君の御館に参向ある」

伏見では、池田屋敷と徳川屋敷は隣接している。徳川屋敷への襲撃に備え、輝政は、先頭切って舅・家康の防衛に当たっているのである。

　一方、武闘派からの三成に対する糾弾は日増しに強くなる。当時、朝鮮で大きな武功をあげたにもかかわらず、三成の〝讒言〟か〝情報操作〟によって、秀吉のもとに届いていなかったという不満が武闘派に鬱積していた。

石田三成（長浜城歴史博物館蔵）

　「大坂にある諸将の内、国清公（輝政）・福島正則・加藤清正・細川忠興・浅野幸長・黒田長政・加藤嘉明、この七人より石田三成が方に使いを以て、我々朝鮮在陣の間軍功をあらわし、本戦の武威を振るうといえども、ついに太閤の御心に叶わず（……これは、三成の縁者である御目付の福原右馬助ら四名のものがわざと報告しなかったためで……）急ぎ、かの輩らに腹切りせらるべしと申さる」（『略記』）
　輝政ら七人――いわゆる「七将」（メンバーには諸説ある）は、目付の切腹要求を突きつけ、激しく三成を追い詰めていく。三成は、要求をことごとくはねつけたが、この七将による三成襲撃の動きも顕在化。三成が大坂から伏見に脱出するという事態に発展する。七人はなお、三成を誅殺しようとしたが、家康の計らいもあって、三成は窮地を脱するが、領地の近江・佐和山に隠居させられることになった。

## 「反三成」の旗頭に

こうした「反三成」の一連の動きの真ん中に輝政はいた。福島ら朝鮮での武勇の将とともに暗殺謀議にまで加わっていたという。輝政は出兵していないのに、なぜ武闘派と先頭切って連帯しているのだろうか。

まず、三成嫌い、という多くの武将がとった感情的な政治姿勢を輝政の中に見ることもできる。同時に、加藤や福島といった秀吉の「子飼い」とは少し様相を異にはするが、輝政は、織田信長の葬儀で棺を担ぐ大役を秀吉から命じられるなど、子飼い同様に扱われていたこともある。そのため、彼ら武闘派に共感し、強い連帯感が生まれたことは容易に想像できる。

加えて、若年時から重ねてきた数々の武功。そして何よりも家康の娘婿という新たな立場によって、輝政の政治的・軍事的足場が固まり、〝人望〟――もっと言えば、輝政に対する諸将の期待感のようなものが湧きつつあったのかもしれない。こうした様々な状況が、輝政をして「反三成」グループの旗頭の一人に仕立て上げていったかと思われる。

また、時を同じくして慶長四年、輝政と督姫の間に第一子・忠継が誕生している。家康の孫を抱えた輝政は、秀吉の庇護を受けた〝豊臣一族〟から、今度は家康最側近の一人として〝徳川一族〟に立場が変わったことになる。元々、反三成グループの旗頭であったこともあり、秀吉亡き後、家康陣営に身を置くこととなったのは、自然の成り行きであった。

## 「会津・上杉征討」に出陣

家康と三成の反目は、会津の上杉景勝が「反家康」を標榜することでより先鋭になっていく。慶長五年（一六〇〇）上杉の家老・直江兼続《かねつぐ》が、家康の横暴を弾劾するいわゆる「直江状」をしたためたのを機に、家康は、会津に謀反の兆しありとして大坂を出陣、会津攻めを敢行する。

上杉の背後には三成がいる。輝政にとっては分かり易い対立構図が出来上がったわけである。大坂を出陣した家康軍を、輝政は本拠地の吉田城で迎え、昼餉《ひるげ》のもてなしを行ったという。取り仕切ったのは家老の伊木清兵衛忠次とみられ、もてなしの席に同席して、家康から天鵞絨《ビロード》の陣羽織を拝領している。家康としては異例の振る舞いである。

伊木については、小牧長久手の合戦で、輝政の父・恒興が家康軍に討ち取られたあと、池田家の家禄の多くを、この伊木に授けようとしたところ、伊木は固辞し、秀吉を感心させたエピソードは先に述べたところである。そのこともあって、秀吉の伊木に対する評価は急上昇し、厚い信頼を置いていたといわれる。家康も、かつての敵ながら、その人望に注目していたようで、家老の身分ながらわざわざ謁見を許して陣羽織を授け、特別な主従関係にあることを、満天下に見せつけたのである。

こうして、督姫の嫁いだ吉田の城において、池田家と徳川家のきずなは、より強固なものとなっていく。輝政は、「家康へのくさび」という立場から一転、「家康側近」へと大きく立ち位置を変えながら、「関ヶ原」へと向かっていくのである。

## 2　小山評定で家康支持、東軍の先鋒に

### 一族とともに会津へ出陣

慶長五年（一六〇〇）六月二十二日、池田輝政は、上杉征討のため大坂から会津へ向かう徳川家康軍を、自城の三河吉田（以下吉田）城で出迎えた。仇敵石田三成とそれに同心する上杉景勝及び家老の直江兼続への制裁について、輝政が、迷うことなく家康支持を打ち出したのは、家康の二女督姫を娶った娘婿として至極当然の成り行きであった。吉田城内で、家康一行に昼餉をふるまった後、輝政は、自軍を率い家康軍の後に続いて吉田城を出陣、会津に向かった。

輝政軍には、嫡男の利隆、実弟の長吉を主軸として、池田由之、伊木忠次、池田橘左衛門らおよそ二十人の有力家臣とその軍団が従った。由之は、小牧・長久手合戦で父・恒興とともに討死した輝政の実兄・元助の嫡男。忠次は、池田家筆頭家老伊木家の祖。橘左衛門は、輝政の実弟（家老の片桐家へ養子に出たあと池田姓を名乗っていた）。さらに、長吉の息子で森寺政右衛門の養子となっていた森寺主水も八歳という若年ながら、長吉軍の一員として出陣している。

輝政が、こうして池田一族を結集して戦に臨むのは、初めてである。ここから、輝政を中心に

した池田一族の結束が始まる。輝政の総軍勢については、『池田家履歴略記』にはなぜか空白になっており、いかほどだったかは不明だが、十―二十ほどの軍団編成だとすると、数千人規模だったか。池田軍も合わせ、家康の会津征討軍はおよそ五万人規模であった。

七月二日というから、吉田をたって十日後、家康軍は本拠の江戸城に到着したという。輝政はじめ、家康の呼びかけに応じて各国から会津征討に参集した諸大名の軍勢も江戸城に集結する。家康は、二の丸に集結した諸侯を手厚く饗応し、心労をねぎらった後、こう指示したという。

「……暫く人馬の足を休め、榊原式部大輔《しきぶたゆう》を案内者として近日出陣有るべし。我等父子（家康・秀忠）も出陣し、まず白川の城を攻め落とし、すぐに会津に押し入るべし。この方より下知無きうちは敵境四、五里距《へだ》て、大田原辺りに陣取り、堅く手出しあるべからず……」（『略記』）

「家康四天王」の一人、榊原康政を総司令官として、その指揮に従い、先駆けなど軍紀を乱さないよう十五条にわたる禁令を発して全軍を引き締めている。

## 石田三成が挙兵

家康が江戸城に入ったその日、七月二日のことという。家康の会津攻めに加担すべく、美濃・垂井の宿にまで進軍していた越前敦賀城主大谷吉継のもとに、石田三成からの使者がやって来た。

そこで三成の佐和山城に招かれ、家康追討の挙兵計画を告げられた。吉継は強く反対したが、互いに秀吉側近という盟友の要請を断り切れず、三成に同意し、七月十一日、兵を反転させて佐和山に入れたという。

大坂の三奉行――前田玄以、増田長盛、長束正家は、三成、吉継の挙兵に慎重であったようだが、安芸の毛利輝元が、安国寺恵瓊《えけい》の進言を受けて家康追討の意思を鮮明にして大坂城に入ったことで、事態は急展開する。輝元は、家康の居所である「西の丸」に、留守居を退去させたうえで入城し、三奉行とともに家康非難の書状を作成した。これが「内府ちがひの条々」で、家康の違法な振る舞いを糾弾するとともに、諸大名に向けこの書状を発給したのである。同調した大名の総大将として輝元が座り、ここに「西軍」が結成され、家康と対峙することになるのである。

三成はまず、家康とともに会津に進軍している各大名の奥方を人質として大坂城内に入れるよう触れを出した。黒田長政、加藤清正らの正室は、策を弄して大坂を脱出したが、細川忠興の室・玉子（ガラシャ）は、これを拒否。自害を禁じられたクリスチャンとして、家臣に胸を突かせ命を断つという悲劇も起きた。

輝政の正室・督姫にも危機が迫っていた。家康の二女であるだけに、三成方にとって最も有効な人質の一人である。その代表格として早急に大坂城入りを促されることは必至であった。

## 「督姫の人質」阻止へ

三成方が人質を取るとの報が伝わった大坂の池田輝政屋敷では、留守部隊が「奥方保護」に頭を悩ませていた。『略記』の記述に従い、その苦心の対応状況を見てみよう。

「池田の留守居津田左京・石原市右衛門（徳川からの督姫付添者）と相議して先ず伏見城代鳥居彦右衛門（元忠）の方へ使いを以て、何とぞ三左衛門（輝政）が奥方並びに御子をも早々伏見の城にお迎えあれかしと申し送る。鳥居聞きて申しこさるる旨一々心得ぬ。去りながらこの城終始全く持ち堅むべきに非ず……却って御為悪しかるべしと答ければ、左京・市右衛門、今はせんかたなく只ひたすらに邸中をきびしく堅め狼藉の輩参らん時は屋形に火をかけ、腹切らんより外あらじと用意して待に……」

留守居は、まず伏見城への避難を計画したが、城代の鳥居元忠は、三成軍の攻撃を察知し、ここは余計に危険であると告げている。このため伏見を断念した留守居は、最悪の事態を想定し、最後は館に火を放ち自害と覚悟を決めたようだ。

そこへ、輝政の本拠・吉田城から、督姫保護のため、若原勘解由《かげゆ》が与力を率いて大坂にやってきた。吉田からの道中、各所で臨時の関所が設けられ、厳しい検問があったが、勘解由は、堂々と本名を名乗り、あたかも西軍の助勢のような振る舞いを見せ、難なく通過に成功し、大坂の邸に入ったという。

「三成挙兵」と「奥方の人質」という報せは、会津へ進軍途中の小山（栃木県小山市）にいた輝政の元にも届いた。督姫が家康の二女であるだけに、三成の処置がどう出るか、最も恐れていたはずである。そのため、配下の渡辺惣左衛門、野中市左衛門の二人にそれぞれ二通の文を持たせて大坂へ出立させることとした。文の中身は不明だが、妻子への気遣い、戦に臨んでの心構え、身の処し方などをしたためたものだろう。渡辺、野中の二人は、正規の戦を前に、使い走りのような役目は御免被りたい、戦場で存分に働きたい、と固辞するが、輝政は「これは一番首に等しい武功である」と説得したという。

小山城跡＝栃木県小山市

二人は、伊勢神宮に立ち寄り、太夫の計らいで神宮の「雑人《ぞうにん》」に身をやつし、伝令の任に当たった。西軍の息のかかった関所が各所にできており、通過に難渋する。文が見つからぬように、一通は泥に埋めて捨て置き、もう一通は、半分に断ち切り草の汁で合印（符丁）をつけ、紙縄《こより》にして笠の緒に仕立てて隠した。関所の通過に当たっては、延々と危（奇）言を述べ、高尚な言葉遣いで煙に巻きつつ、無事通過したという。しかし、肝心の大坂・池田邸には、あらぬ警戒をされて中々入れない。今度は、大根売りに変装して、ようやく入邸がかない、大役を果たしたという。

## 督姫、仮病で三田へ脱出

吉田から、そして小山から、督姫保護のため輝政の部下が西下してはきたが、的確な対応策がなかなか見つからない。細川ガラシャの〝事件〟以後、三成方からの人質強要は、少し緩んだように見えたというが、それでも、危機は目前にあった。邸内で思案を巡らせるうち、摂津・三田城主を務めていた山崎家盛が〝秘策〟をもって大坂の池田邸を訪れた。

この山崎家盛は、実は、輝政の妹で後に天球院と呼ばれた女丈夫の夫であった。しかし、夫婦仲はよくなかったようで、『略記』にはこんな記述が残っている。

「山崎家盛の夫人は国清公（輝政）の御妹なり。勇・力ありて容貌豊盈《ほうえい》なり。家盛と常にむつまじからず。家盛は、妾をたくわえて別閨にて愛寵あり。関ヶ原の時、大坂にて石田三成諸将の妻子を城内に入れんとする時、山崎の夫人もその令ありければ、家盛かくと夫人に告げられる。夫人もっての外に怒り給い、平日我を疎外し、今艱難の時に臨みて城に入れんとあるこそ心得ね。幸いに愛妾あり、是を以て城に入れ給うべし。もし君我が言に従い給わずんば、只今君と死を同じくせん、と家盛の手をしかと取りて、閨閤に入り給う。その力まことに大丈夫というも及び難く、家盛筋骨くだくるが如し。家盛せんかたなくその言に従い、ついに良正院殿（督姫）をも助け参らせ、関東無二の志をぞ立てらる。これしかしながら、夫人のはからいによりし所なり。されども琴瑟相和せずして離別ありて、池田家に帰らせ……」

天球院は、どうやら肥満であったようだ。しかし、力がめっぽう強い。側室ばかりを愛する夫の家盛とはうまくゆかず、寝所を同じくしたことはない。そんなとき、人質への対応を迫られる。家盛は、正室たる天球院にその覚悟を求めたところ、激怒して拒否され、逆に、愛妾を人質とせよ、と迫った。もし、そうしなければ、今すぐ、夫の家盛とともに死ぬ、といいながらしっかりと手を握ったまま寝所に入った。家盛の手を握った天球院の握力は、例えようもなく強烈なもので、家盛は骨身が砕けるかと思ったという。顛末は不明だが、人質は何とか回避できたようだった。しかし、家盛夫婦の不仲は一向に解消されず、後に離婚して、天球院は実家に戻っている。それはともかく、この危機に際し、恐らく、天球院の考えもあったのだろう、家盛はこんな秘策を打ち出した。

実は、家盛は、義兄の輝政に同道し会津へ向かうつもりであったが、そうすれば、三成との軋轢から督姫が危ういと判断し、表向きは三成に合力するよう振舞った。とりあえず、東軍に属したガラシャの夫・細川忠興の父幽斎が守る丹後・田辺城への攻撃軍に加わったのだが、この間、督姫を救うべく五奉行の一人、増田長盛に願い出た。『略記』に言う。

「吉田侍従（輝政）の内室、春方より頗る所労あり。いろいろ保護を加えけれども薬験なし。全く気鬱の症なり。山野の遊興あらば病愈る事もあるべしと薬師も申候き……お許しあるにおいては、両人の子息（忠継）を大坂に留め、内室ばかりを（わが）三田に遣わし暫く気力を補いたてて、有馬の温泉に浴させ度し……」

督姫を、気鬱の病に仕立てて、三田、有馬への転地療養を願い出たのである。これが功を奏し、毛利輝元らの許しを得て、督姫は大坂からの脱出に成功する。家森は、このいきさつを輝政に書き送り、田辺城攻めに際しては、そっと城中に入り、幽斎の留守部隊とともに西軍と戦うとの決意を知らせたという。

督姫脱出劇は、一族あげての〝智略〟のなせる業であった。後顧の憂いを払しょくした輝政は、三成の西軍と対峙すべく急転、西下することになるのである。

## 「小山評定」で主戦論

このように、大坂においては、三成による「西軍」の家康追討計画が進んでいたが、一方の家康は、なお会津征討に向け軍を北上させていく。家康軍の先陣は、七月十三日に榊原康政が、十九日には徳川秀忠が江戸を出発し、それぞれ十六日、二十一日に最前線基地である宇都宮城に到着する。家康自身は、三成挙兵の風聞を耳にしたともいわれるものの、秀忠が宇都宮に到着した二十一日、豊臣恩顧の武将らを引き連れ江戸から宇都宮に向け進軍を開始した。むろん、輝政軍もこの中にいた。

家康の本隊は、七月二十四日（二十三日説も）、小山に到着し、軍を集結させた。鎌倉期、源頼朝が奥州征討出陣時に、ここを足場としたという吉例にならった（『小山評定武将列伝』小山市刊）ということだったが、家康にとっては〝悪夢〟が待ち受けていた。伏見城の留守を預かっていた鳥居元忠から異常事態を告げる急使が到来したのだった。三成が伏見城の明け渡しを求め、このため数日内に戦になるというものだった。督姫を預かってほしいという池田家大坂屋敷からの求めを断った鳥居の予感通り、家康・三成の対立は、伏見城を端緒に大戦に発展していくのである。

小山城は、眼下に思川の深い河川敷を見降ろす高台に立つ。祇園城とも異称される北関東の名城である。小山は、北に男体山、西に榛名、東には筑波の山容を望む関東平野の政治・軍事の要の地であると同時に、利根川に合流する思川の舟運も活発で、経済的な要地でもあった。そこに築かれた小山城内の一角に庄屋の屋敷があり、その庄屋屋敷の広間の奥に〝仮御殿〟が設けられていたという。会津征討に当たって、家康が、小山を拠点に出陣することを早々と想定し、事前に自身の御殿を造らせていたとも言われる（『武将列伝』）。

七月二十五日、この御殿に、家康軍を形成する三十人近い武将が集められた。三成挙兵にどう対処するかを問う「天下分け目の軍議」――いわゆる「小山評定」が開かれた。家康は前夜、先陣の榊原康政を除く本多忠勝、井伊直政、酒井家次らを中心に協議したとおり、豊臣恩顧の武将らの心情を探るように、切り出した。

『徳川実記』などによると、まず、三成挙兵を伝え、「各々の人質皆大坂にあり、されば石田に与せんと思う人々は随意に帰陣あるべし」と伝えた後、三成に味方しても恨むようなことはない、上方への道中、家康領内においては、人馬や宿所も用意する、とまで言い切ったという。

「小山評定跡」の石柱

驚きと重い空気が軍議の場に漂った。人質の妻子を思い、家康、三成、豊臣家などと〝の距離感〟を測りつつ、自らの立ち位置を決めなければならない。静まり返る中、まず、清須城主の福島正則がこのように口火を切った。

「この危急時に、妻子のみを顧みるのは武士道にはずれる。いまさら三成に属すなど思いもよらない。内府（家康）にお味方する」――。

正則は、前夜、黒田長政の〝説得〟を受け入れ、事前に三成討伐に合意していたといわれているが、この正則の「反三成発言」を機に、輝政ら二、三の有力武将が相次いで家康支持を打ち出した。輝政らの「主戦論」で、軍議の流れは、一気に三成討伐の方向で決着。ここに「東軍」が結成され、そして家康は、間髪を入れず、その場で東軍の先鋒として福島正則と池田輝政を〝指名〟したのである。

## 「東軍先鋒」として反転、西上

この軍議において、もう一つ重要な決定が下されている。それは、福島正則の清須城以東の城郭すべてが、家康のものになったということである。まず、福島正則が、自分の清須城を家康に差し出すと宣言したのに続いて、輝政が吉田城を、中村一忠が沼津城を、さらに浜松、横須賀、岡崎、刈谷城主も次々と自城を差し出すことを申し出たのだ。山内一豊が最初に掛川城を差し出したとの説もあるが、いずれにせよ、清須以東の東海道沿線の城はすべて東軍の拠点となり、家康は戦わずして諸城を獲得し、江戸から大坂への重要ルート確保に成功したのである。輝政は、ここでもその真ん中に身を置いている。

こうして結成された「東軍」は、評定の翌日、七月二十六日に三隊に分かれ小山から西へ向かって進軍を開始する。一番隊は、福島正則を筆頭に、加藤嘉明、細川忠興、黒田長政ら。二番隊は輝政を先頭に浅野幸長、山内一豊、池田長吉、一柳直盛ら。三番隊は蜂須賀至鎮、生駒正俊らであった。

東軍の結集地点は、福島正則の居城・清須城と決めた。ここで態勢を整え、正則・輝政軍を先鋒として三成の「西軍」に挑むことになるのである。

輝政行軍ルート（吉田—江戸—小山—清須）

## 3　岐阜城攻略、関ヶ原合戦の流れ確定

### 輝政ら先遣隊に家康の疑心

「小山評定」を終え、「東軍」の結成に成功した徳川家康は、上方で挙兵した石田三成の「西軍」との対決に向け、福島正則と池田輝政を軸とした先鋒隊を、西へと向け転進させた。

輝政は、慶長五年（一六〇〇）八月十四日、一万八千の軍勢を率い、尾張・清須城に入った。つい先日まで、福島正則の居城だったが、今は東軍の本拠として、正則が家康に差し出している。この清須城の東・北方面から西にかけて、木曽川が流れている。川の向こうが西軍の最前線となる美濃、こちら側が東軍の最前線となった尾張である。三成は当初、輝政の吉田城に近い美濃・三河国境を決戦の場としたかったようだが、輝政らの進撃が予想外に早く、戦線を後退せざるを得なくなったという（『関ヶ原合戦』関ヶ原町刊）。こうして大河・木曽川を挟み、東西両軍が対峙《たいじ》する構図ができあがる。天下分け目の合戦は、ここから始まったのである。

先着の福島隊などとともに清須城に陣を敷いた輝政らは、後続の徳川本隊を待ったが、家康は江戸城から動こうとはしない。いらだつ正則らは、家康から監視役を命じられている本多忠勝、

井伊直政らに詰め寄る場面もあった。

八月二十一日、家康の使者として村越茂助が清須にやってきた。本多、井伊らを交え、全軍の会合がもたれ、家康の伝言が披露されることになった。

村越はまず、各将に宛てた家康からの書状を伝達した。『池田家履歴略記』によると輝政にはこうしたためてあったという。

「其許《そこもと》の模様承《うけたまわ》りたく候て、村越茂介（助）を以て申し候。御談合候て仰せ越さる可く候。出馬の儀は油断これ無く候。御心安かるべく候。委細口上申し候」

「そちらの様子はどうだ、自分（家康）は間違いなく出陣するので、安心せよ」と言い、諸将の出陣も含めた先鋒隊の動向を聞いている。正則ら他の将にも同様の書状が示されたが、いずれも、委細は村越から口頭で伝える、となっている。

諸将に書状を伝えたあと、村越は、家康の指示として、こう切り出した。

「各《おのおの》　数日御在陣、殊に苦労の御事なり。吾等その表へ出陣のこと、聊かも油断なく候えども、この程少々風気《ふうき》ゆえ、暫く出馬成り難し。井伊、本多と御相談の上、宜しき様に御下知ありて給わるべし……」

まず、清須に結集した諸将の労をねぎらう家康の言葉が伝えられたのだが、問題はその後の伝言である。「いつでも出陣の用意はできているが、風邪気味ですぐには出馬できない、井伊と本多の指示に従え」と言っている。風邪は、口実だ。豊臣恩顧の武将を軸に構成されている東軍ゆえ、家康の疑心は募っている。言外には、早く出陣せよ、そうすれば自分も（安心して）出馬すると言っている。そして目付役の井伊、本多に対しては、何をぐずぐずしているのか、と言わんばかりの口上が発せられた。

これを聞いた一座の将は一瞬〝固まった〟ように静まり返り、本多忠勝、井伊直政は「手に汗し」縮み上がったともいわれる。一呼吸おいて、賤ヶ岳七本槍の一人、加藤嘉明が口を開き「内府の口上はもっともだ。御出馬待つこと誤りなり」（『略記』）と言った。「豊臣恩顧の我々が、家康に味方をしているという証を、まず示さねば、家康も動き難いではないか」――そう主張する加藤嘉明に、輝政、正則ら一同が同意、即座の出陣が決まった。村越口上の場は、一転軍議の場に変わったのである。

**三成・西軍の動向は――**

このころ、石田三成は大垣城にいた。当初、美濃・三河国境で東軍を迎え撃つ予定だったが、初めに計画した清須城の奪取に失敗したのと、先述したように輝政らの西進が想定外に速かったため作戦を変更。前線を木曽川ラインに後退させ、大垣城主伊藤盛正に「城明け渡し」を強要し、大垣に四万の兵を集結、西軍の本陣としたのである（『大垣城の歴史』大垣市文化財保護協会刊）。

同時に、大垣の西方、南宮山に毛利秀元らの中国勢三万、さらに西方にある「関ヶ原」に二万の大軍を配置し東軍を迎え撃つ戦略をとった。

そして西軍の最前線部隊として、岐阜城の織田秀信を中心に、東に犬山城の石川貞清、西に竹ヶ鼻城の杉浦重勝が充てられた。この三城で、木曽川沿いに東から西へ延びる防衛ゾーンを形成し、ここで東軍の進撃を阻止する算段であった。

岐阜城主の織田秀信は、幼名・三法師。信長の嫡孫で、本能寺の変後に開かれた清須会議で、羽柴（豊臣）秀吉が〝便宜的〟に担ぎ出して信長の後継者とした人物である。名門織田家の当主として、要衝・岐阜城にいたのだが、有力家臣団の多くは家康になびいており、会津征討では家康軍に加わる予定だった。ところが、岐阜からの出陣が遅れ、その間に三成方の説得が入り、西軍に名を連ねてしまったという。秀信は、祖父・信長張りの華美を極めた出陣をしたいとして、

岐阜城模擬天守＝岐阜市・金華山

入念すぎる準備に時間を弄してしまい、出馬が遅れ、東軍参加の機会を逸したともいわれる。

そんな事情を抱えてはいたが、これら三城は西軍にとって当面の最重要拠点である。三成配下の諸将を割いて、各城に支援の軍勢を送り、輝政らの東軍を迎え討つべく分厚い布陣を展開していた。

**先陣争い諍い四度――輝政と正則が闘撃**

清須城内では村越茂助の「家康口上」を受けて、本格的な軍議が進む。木曽川をはさんで展開する西軍の犬山、岐阜、竹ヶ鼻の城をいかに攻め、どう突破して三成のこもる大垣に迫るかが、当面の課題であった。中でも、中核の岐阜城攻略が、戦局を大きく左右することは誰もが承知している。そこを落とせば、大垣の西軍本陣へ容易に迫ることができる。

軍議をリードした本多忠勝、井伊直政が「岐阜城攻め」の概要を述べた。「総軍を二手に分ける。池田輝政軍、福島正則軍を二隊とし、各軍勢が木曽川の上流および下流から美濃領に侵攻し、正則隊が追手（大手）から、輝政隊が搦手《からめて》から、それぞれ岐阜城に殺到すべし」ということであった。これに輝政が拒否反応を起こした。

「……吾等、福島両人今度の先陣たるべしと兼ねて内府公の御下知なるに正則を追手とし、吾搦手へ向かい候わんこと思いもよらず……」（『略記』）

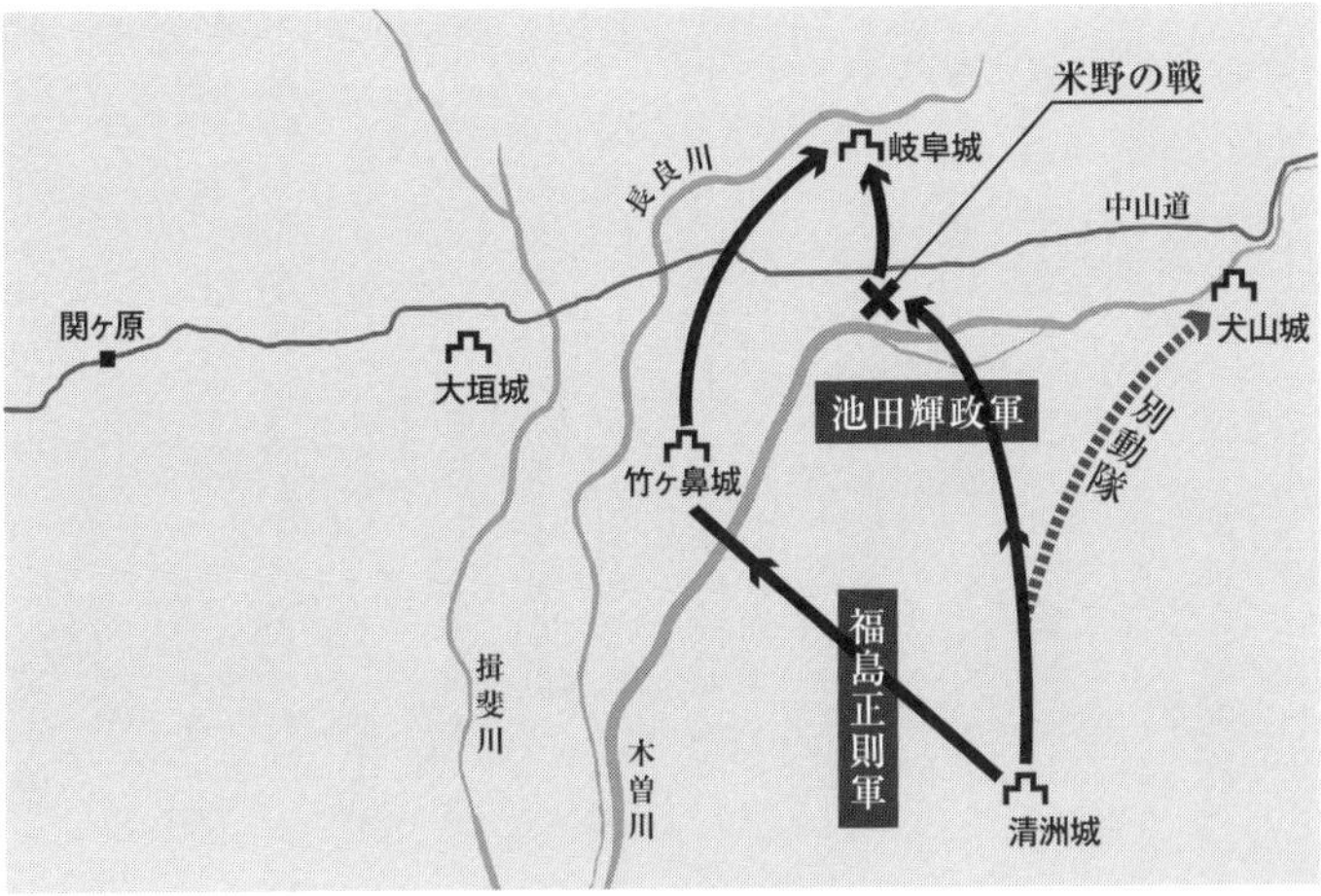

東軍木曽川渡河進撃図

城郭大手からの正面攻撃は、一番手柄である。搦手の戦いは、大手戦の〝補助〟に過ぎない——。いつもは素直な輝政の思わぬ反発に、本多と井伊が、困惑したかのように仲をとりなす。「御縁者に似合わぬ御ことなり。某共《それがしども》も搦手に向かい候えば、まげて御同心あれかし」（『略記』）——家康の娘婿として何とか了解してくれと懇願してその場を収めた。そして、当初の作戦どおり、正則軍が下流の尾越《おこし》（起）から、輝政軍が上流の河田《こうだ》から、それぞれ木曽川を渡り岐阜城を目指すこととなった。

ところが今度は、正則から苦情が出た。河田は「渉《かちわたり》」つまり徒歩で渡ることができ岐阜城にも近いが、尾越は舟でしか渡れず岐阜城からは遠い。不公平だという。再び、本多、井伊の仲裁が入る。「下流の尾越が清須城主の領地であるから、正則軍は地理に詳しいはずで、地理不案内のまま河田に赴く輝政軍より有利であろう」。地理不案内を主張したのは輝政だったのだが、結果はこうして、岐阜城に近い攻撃地点を確保するのである。出陣は、翌日八月二十一日と決まった。

輝政と正則は、後述するように、木曽川渡河作戦の先陣争い、さらには岐阜城陥落時の功名争いでも対立し、その都度、本多、井伊が仲を取り持っている。輝政、正則の二人は、秀吉亡き後に起きた「反三成」の行動を通じて気脈を通じた間柄ではあったが、「同格の同僚」とまでは言えず、これまでの戦歴から正則が一歩前にいたのは明らかだ。その正則に対し輝政は、同等、あるいはそれ以上の立場を取り始めている。小山評定以降、東軍の西下作戦の中で輝政軍の力と地位が大きく飛躍し、同時に輝政の心に次代に向けた新たな自信が芽生えていたことを物語っている。

### 米野の戦い——木曽川挟み戦端開く

慶長五年八月二十一日早暁。輝政は浅野幸長、山内一豊、一柳直盛らの軍勢一万八千を率いて清須城を出陣、木曽川渡河地点の河田の渡しに向かった。途中、中村一栄隊が犬山城攻略に向かったが、犬山城に詰めた西軍支援隊は東軍と内通しており、城主の石川貞清は孤立し、自ら城を脱出した。こうして犬山城は戦わずして東軍に落ちた。輝政にとっては最大の側面支援となった。

しかし、木曽川渡河は容易ではない。河田の渡しは、本流が何本かに細かく分流し、網の目状の複雑な流れを形成、川中には大小の「中州」が無数に連なるという特殊な地形となっている。西軍の防衛ラインである木曽川を渡るには、この河田の渡し付近に広がる中州を飛び石渡りのように進軍することになるのだが、川─中州、また川─中州……と続く複雑な地形が行軍を阻む。しかも、浅瀬ばかりではない。背丈以上の深みも随所にある。八月二十二日に始まった輝政軍の進軍は難渋を極めた。

「……（進軍を促す）海螺《ほらがい》たたざりしかば、国清公（輝政）しきりに下知し給へども軍勢勇みなかりしに、武藤源右衛門という者、貝を取りて河水を二度まで汲み通して吹き出しける。（その音が響き渡り）諸軍皆その声に和し勇勢忽《たちまち》に倍し……」──と『略記』が記すように、輝政の軍勢は、法螺貝一つ吹けない劣勢に立たされていたのだが、川水を入れ貝の音量を倍加するという機転もあって、何とか退却を免れたのだろう。

これに対して、向こう岸の岐阜勢からは激しい銃撃が開始された。実は、この渡河作戦、清須での作戦会議において、福島正則軍の狼煙《のろし》を合図に、上・下流同時に進撃するという事前の申し合わせがあったのだが、銃撃を受けた輝政軍は狼煙を待たずに応戦を余儀なくされたようだ。正則はのちに知って激怒するのだが、関ヶ原へとつながる「天下分け目」の本格的交戦は、ここ木曽川中州から対岸にかけて行われた東軍の渡河作戦を以て始まった。戦端を開いたのは、池田輝政である。
輝政軍は、一気に激流を渡ったとも、途中の輝政鎧かけの松があったという小屋場島《こやばじま》（中州）に一時陣を敷いたともいわれるが、岐阜勢の数倍の兵力に物を言わせ、木曽川を越え、美濃侵入を果たした。渡河作戦を成功に導いた背景には、木曽川の舟運を支配する「川並衆《かわなみしゅう》」と呼ばれた在地豪族の存在がある。池田家第一の家臣となっていた伊木忠次も、犬山城に近い伊木山周辺で起こった一族で、有力な川並衆である。この伊木軍が、輝政軍の先陣を務め、勝手知った木曽川を制したほか、地元・美濃の川並衆である野々垣久晴も、激流の浅瀬に笹竹を立て、渡河ルートを示し東軍の進撃を支援したという。いずれも、輝政の岐阜城主時代の人脈であろう。

河田の渡しを美濃側に渡り切ったところが「米野《こめの》村」である。東軍を迎え撃つべく岐阜城から出陣した織田秀信は、その前衛隊として百々《どど》、木造《きづくり》、飯沼といった精鋭部隊三千五百を米野に展

「米野の戦い」石柱＝岐阜県笠松町

開していた。何とか激流を渡り切った輝政軍が、この岐阜勢に突入する。その一番槍は、秀信家臣の武市兄弟を討ち取った大塚権太夫。東軍・一柳直盛の家老である。しかし権太夫は、岐阜四天王の一人・飯沼長資に首を取られた。その直後、この飯沼は、輝政の実弟・長吉と遭遇し一騎打ちとなった。ここは長吉が勝り飯沼は首をとられる。勝者が次々と入れ替わる激戦だったのだが、長吉が一騎打ちを制した後は、輝政軍の攻勢が強まり、秀信らは本拠の岐阜城に退却を余儀なくされた。

一進一退、東・西軍入り乱れての激戦模様は「米野の名勝負」として語り継がれ、後に「美濃雑事記」「関ヶ原軍記大全」「関ヶ原合戦図絵巻」などに描かれている。〝名勝負〟というのは、概して「大戦《おおいくさ》」につきもので、局地戦などではあまり語り継がれていない。「米野の戦い」が、後の軍記物の〝名場面〟として認識されているということは、これが、天下分け目の合戦における最重要局面の一つであることを物語ると同時に、後の「関ヶ原」の帰趨はここで決まったといっていいだろう。帰趨を決したのは輝政である。

## 岐阜城へ、一気の攻め

木曽川渡河作戦で、輝政の〝フライング〟に激怒した正則だったが、下流の尾越を渡り、まず、竹ヶ鼻城に迫った。城主の杉浦重勝は果敢に戦ったが、三成からの支援隊は戦わずに逃走したため、重勝は城に火を放ち、自害して果てた。緒戦を制した正則軍は、輝政軍に後れを取らじと夜を日に継いで岐阜城へ進軍。八月二十三日、軍議どおり、正則が大手から、輝政が搦手から総攻撃を開始する。

輝政はこの時、米野からの進軍ルートの都合上、大手方面からの攻撃を開始しようとしたようで、これに、三たび正則がかみついた。「三左衛門（輝政）ほしいままに戦をする条遺恨なり（約束と違い、もし大手から進軍攻するなら岐阜城攻めをやめ）貴殿と勝負を決すべし」（『略記』）。「輝政と一戦交える」とまで、正則は言ったという。

むろん輝政は、軍議通りに搦手からの攻撃を目指していた。水手口に布陣した輝政軍は、頂上に駆けのぼった。狭く曲がりくねった登山道の地形は、元岐阜城主として熟知している。正則軍に先んじて、城門を突破して、本丸の制圧に成功した。

一方の正則軍も、敵方防衛線を次々と破り、頂上に迫っていた。負けを覚悟した秀信は、自害を望んだが、家臣は投降を勧め、正則がこれを許したという。秀信は、高野山送りとなり、五年後に他界。織田家の嫡流はこれで途絶えた。

東軍勝利の中で、またも輝政と正則とのいさかいが起こった。渡河作戦に続き岐阜城本丸攻略にも成功した輝政は、自信満々で功労第一、城は自分が受け取ると思っている。正則は、秀信の降伏を受け入れたことで城攻めは完結した、したがって「城受け取りは自分」との主張である。「両将の争いすでに闘撃にも及ばんとす」と『略記』にある。険悪な状況に、本多、井伊が四度目の仲裁に入る。「大敵前に（家康の娘婿として）まげて（正則に）従われ……」と輝政に譲歩を求める。結局、手柄は正則に譲り、両軍の旗二本ずつを城に立てるとの案を輝政も受け入れ、その場は何とか収まったという。

ともかく、西軍の最前線・岐阜城は落ちた。輝政軍の放った火が、火薬庫に飛び、大爆発を起こし、山上は真っ赤な炎に包まれたという。西軍の本陣・大垣城からは、その炎が見えるはずだ。岐阜城の状況を知らされた三成は、炎を遠望しながら、それでも西軍の勝利を信じ、大垣城で東軍本隊を迎え撃とうとしていた。

## 4　最大級の功労、姫路五十二万石に

### 「誠に心地よき…」――江戸から家康の感状

慶長五年八月二十三日、西軍の最前線・岐阜城が落ちた。池田輝政が、かつての城主という利点を最大限生かして一気に攻略に成功したのである。

この時、徳川家康は、まだ江戸城にいた。輝政、福島正則ら豊臣恩顧の大名を主軸とする東軍部隊の動向を注意深く見守りつつ自らの出陣時期を探っていたのだった。岐阜落城の報に接し、輝政らの意思が確認できたと判断した家康は、即座に江戸をたつ準備に入った。同時に諸将への書状を次々と発給している。輝政に対しては、こんな文面である。

「去る二十二日の御注進状、今二十六日午の刻参着候。其元川面相抱き候処に一戦に及ばれ、数千人討ち捕らえられ岐阜へ追付せらるよし、誠に心地よき儀どもに候……」

「岐阜の儀、早々仰せ越され候処、御手柄何とも書中に申し尽くし難く存じ候……我等父子を御待候こと尤《もっとも》候」（『池田家履歴略記』）。

これらの書状について二つのことに注目したい。一つは、書状の種類である。輝政宛のように、

武将個人に充てたものと、複数名の武将を連書し、連名の宛名を付したものとの二種類があること。もう一つは、文末に「我等父子を御待候こと尤候」と念を押していることである。これらは何を物語っているのだろうか。

まず、二種類の感状。大まかにいうと、輝政ら個人名のものは、直接岐阜城攻略に成功した者に、また連名のものは、池田、福島隊とは途中で別れ、岐阜城には向かわず大垣城方面へ進軍した武将らに出されている。前者が格上、後者が格下のようにも見える。感状の軽重は、重要である。すでに始まっている「関ヶ原」の軍功について家康は、書状の軽重によって早くも〝査定〟をしている。輝政は、殊勲第一というところだろう。

もう一つの「父子を御待候こと尤候」については、西軍攻略作戦は、家康、秀忠の到着を待って練るべし、とあらためてクギを刺したことを示している。「身勝手な動き」はするな、という厳命である。下野・小山から急転西下し、清須に集結した諸部隊は大半が豊臣恩顧の武将が率いている。それゆえ家康は、神経質にその動向を注視していた。しかし、岐阜城攻めに際し、輝政を中軸とした攻撃部隊の一体感を確認し、つい先ごろまで募らせていた疑心暗鬼を一変させた。そうした心の変化を踏まえて、この書状からはあらためて「徳川が諸将を統括する」という強い決意と自信をみなぎらせてきたことがうかがえる。

## 輝政ら大垣城を包囲

岐阜城を落とした東軍は、続いて西軍の本陣である大垣城攻略を目指す。福島正則とともに木曽川下流を渡った黒田長政隊などが、いち早く中山道の宿場・赤坂の台地を占拠しており、東軍の本陣とすることにしていた。赤坂は、大垣城の北西わずか一里（四キロ）余りにある宿場で、輝政ら岐阜城攻略を成し遂げた東軍主力も、この赤坂に結集して家康本隊を迎える態勢を整えた。

これと前後して、輝政ら東軍諸将は無論のこと、西軍の将らも、付近の寺院、村々に次々と「禁制」を出して領民保護を約している。輝政にとって赤坂周辺は、天正十一年（一五八三）父・恒興に従って大垣入りした際、近郷の池尻を与えられ、初めて本格的な城主となった地である。禁制を出し、あらためて足場を固め、味方であることを再確認させようとしたのだろう。

西軍先鋒隊への疑心を払しょくした家康は、九月一日になってようやく江戸を出発する。十三日、輝政らが落とした岐阜に到着、翌十四日正午には、諸将の待ち受ける赤坂の陣に入った。宿場のすぐ南に、岡山（のち、徳川ゆかりの山として勝山と称す）と呼ばれる標高五三メートルの小山がある。家康は、到着早々その山頂に、徳川の旗を掲げた。金扇、馬標、葵紋旗七流、それに源氏の白旗十二流。大垣城内の三成を威圧する勢いであったという。

この岡山から一キロほど南に、荒尾村という小村がある。大垣城の西約三キロにあり、南宮山麓にある美濃一宮・南宮神社（南宮大社）を西に背負った村である。輝政は、ここを池田軍の本拠とした。背後の南宮山上には、西軍最大勢力の毛利軍が展開する。このことが関ヶ原の本戦における輝政のポジションに大きくかかわってくると考えられるのだが、そのことは後述するとして、この池田軍同様、東軍諸隊は大垣城を北面、西面から圧迫するように展開した。〝天下分け目の大垣合戦〟が始まろうとしていた。

大垣城包囲の東軍本陣・岡山（現・勝山）

　しかし、〝大垣包囲網〟を整えた東軍に対し、大垣城内の西軍の士気は、あまり上がらなかったようだ。これを懸念した三成の重臣・島左近が一計を案じたという。包囲網の一角に突撃することで東軍の一部部隊を誘い出し、深入りしたところで伏兵に奇襲攻撃をさせ殲滅《せんめつ》する、という「誘撃」を仕掛けた。この誘いに、中村一栄が乗ってしまった。深入りの挙句、中村軍三十人ほどが討ち死にし、島は派手な首実検も行った。三成の配下で最強という島らしい作戦で、大垣城内では、緒戦を制した、といやがうえにも軍気が上がったという(『大垣市史』)。これは、大垣城と包囲網の間を流れる杭瀬川をはさんだ戦いで、後に「杭瀬川の戦い」と呼ばれるが、家康は、岡山山上からこれを見て、眉をしかめたといわれる。この「誘撃」は、輝政軍の目の前で繰り広げられたのだが、輝政は誘いには乗らず冷静に対応したようだが、苦々しく見詰めていたことだろう。

## 水責めから野戦へ

岡山に布陣した家康の当面の作戦は、当然のことだが、目前の大垣城を落とすことである。江戸をたつ前に家康は、複数の武将に宛て「(三成らの籠る大垣城を)取り囲み、水責めに成すべく」としたためた書状を送っている。大垣城は、東西の二つの川、すなわち揖斐川と、先述した杭瀬川の堤防に囲まれた台地——いわゆる「大垣輪中」の真ん中に建っている。上流で両川の堤を切れば、城は完全に水浸しとなる。家康は、当初、そう考えていた節がある。大垣城の北方、揖斐川上流にある曽根城主西尾光教に、その準備を命じていた、と『細川忠興軍功記』は伝えている。運命の九月十四から十五日にかけて、一帯は大雨だったようで、水責めには絶好のチャンスであった。ちょうど、家康本陣を訪れた近郷の住僧が戦勝祈念として大きな柿を献上したので、家康は「大柿(大垣)手に入った」とご機嫌だったという(『美濃雑事記』)。しかし、水責めはしなかった。

大垣城水責め計画があったとして、家康がそれをやめたのはなぜなのか。巷間、さまざまな〝仮説〟がある。①水責めという〝消極戦〟では、家康の沽券《こけん》にかかわるため、堂々と陣を張った戦を選択した②野戦を得意とする家康が城攻めを嫌った③大垣城水責めにはそれなりの日時が必要で、その間に、西軍後方部隊が大坂の豊臣秀頼を担いで出陣し東軍諸将の結束力が崩壊するのを恐れた――などである。

いずれにしても時を置かず、一気に勝負を決したい家康は、水責め作戦を変更し、野戦を選択した。そこで、ある謀略を仕掛けたという。九月十四日の夜のことだ。「目前の大垣城攻めをやめ、すぐに西進して三成の居城・佐和山城を一気に落とす」――といういわば〝偽情報〟を、西軍の間諜に聞こえよがしに発したという（『大垣城の歴史』大垣市教委刊）。この偽情報に接した西軍は、一部守備隊を残して急きょ大垣城を出たという。赤坂から中山道を西進するであろう家康本隊の先回りをする形で、関ヶ原の狭隘部に陣を張り、待ち伏せしようとしたのである。こうして、翌十五日、運命の関ヶ原本戦が勃発する。天下分け目の合戦は、「大垣城」から「関ヶ原」へと変わっていくのである。

## 東西両軍、関ヶ原へ〝並走〟

作戦変更を余儀なくされた西軍は、一部武将を大垣城に残して、急きょ西へと兵を進めることとなった。大垣城を放棄したわけではなく、一応防御態勢を継続し、西進する東軍をけん制し続けていた。そのうえで、三成らは、東軍の陣する中山道を避け、自軍の毛利勢が展開する南宮山の南麓を回り込むように関ヶ原へと急いだ。この事が、後述するように輝政の関ヶ原本戦の位置に大きく関係するのだが、この西軍を追うように、家康の東軍主力も赤坂から中山道を西に向かった。南宮山を挟んで南西ルートを西軍が、北ルートを東軍が、共に同じ方向に向かって進軍するという不思議な光景が展開されたのである。

関ヶ原に先着した三成は、谷筋の西端、笹尾山に本陣を置き、自らは中山道を固め、そこから南へ、島津義弘、小西行長、宇喜多秀家、大谷吉継、小早川秀秋の西軍諸隊を配し、東軍を迎え撃つ陣形を固めた。

これに対し東軍は、大まかに七つの指示が出されていたといわれる(『関ヶ原合戦』関ヶ原町刊)。①中山道の西軍本隊と対峙する左翼は福島正則を先鋒に藤堂高虎らを充てる②北国街道の敵には黒田長政ら③中堅に井伊直政ら④後続部隊に織田有楽ら⑤家康本隊は本多忠勝を軍監に最後に関ヶ原入りする⑥池田輝政は対大垣布陣のポジションをほぼ確保したまま南宮山に備える⑦水野勝成らは大垣城を警戒せよ――というものだったといわれる。

この指示に従い、輝政は、赤坂から一つ西の宿駅・垂井に移動した。街道脇には、南に南宮山を仰ぐこんもりした森がある。十五世紀半ば、室町政権に反旗を翻し滅ぼされた関東公方ゆかりの地だ。「結城合戦」と呼ばれる戦に敗れた公方方の幼い王子、春王・安王兄弟が、遥か関東から護送中に殺害された悲劇の森である。悲しみの供養塔が、今も残っているこの地に、輝政は陣を敷いた。その前を東軍本隊が進軍し、家康は関ヶ原を見渡すことができる桃配山に布陣し、旗《はた》標《じるし》を翻したのである。

## 輝政は「殿」に

輝政の陣は、東西に長く伸びる東軍の最後列、つまり「殿《しんがり》」となった。小山からの反転攻勢に際し、福島正則とともに東軍の先鋒を務め、岐阜城攻めでは正則と先陣争いを演じた輝政であったが、関ヶ原本戦の左翼先鋒を任されたライバル正則に比べていかにも格落ちに見える。

輝政軍陣跡の碑＝岐阜県垂井町

なぜ、輝政は殿なのか。確かに殿は、負け戦の折には兵の限りを尽くし追っ手を防ぐという最重要任務を負い、最も信頼の厚い武将が務めるのだが、先鋒に比べ戦国武将が第一に望む華々しい戦果を挙げる事はできない。敗走の時はいざ知らず、殿を望む武将など、そういない。輝政は、不満この上なかったかもしれない。

しかし、輝政のこの本戦におけるポジションは、西軍が大垣城から関ヶ原に主力を移す大軍移動の時から決まっていた感がある。

大垣城包囲網の一角を担っていた輝政軍は、先述のように城西三キロの荒尾村に陣を敷いていた。東軍の〝謀略情報〟を受けて、三成ら西軍本隊の大部分が、大垣城を出て関ヶ原に向かったのだが、その隊列は輝政軍の南方をかすめるように西進する。輝政隊の駐屯地の西には、南宮神社が鎮座しており、その山上近くに毛利秀元を中心にした毛利勢の大部隊が展開している。大垣城を出た西軍本隊はこの毛利陣営の南縁を大きく迂回して西へ向かった。輝政軍は、この移動の様子をはっきり認識できる距離にいた。夜間だけに、確認できたかどうか分からないが、輝政はこの時、追撃するには絶好の位置にいたはずだ。しかし、動かなかった。西軍を野戦に誘い出すというのが家康の作戦であるなら、輝政軍はその大移動を、わざと見過ごしたようにも思える。

同時に輝政は、後方の南宮山（四一九メートル）に陣を敷く毛利勢の動向についても明確に分析することができたのではないか。南宮山周辺の西軍配置をみてみよう。北に向かって最前線には吉川広家、その右後方には安国寺恵瓊、少し後方に毛利秀元率いる本隊、さらに南には長束正家、長宗我部盛親の西軍有力部隊が控えている。いずれも、大垣城決戦を想定しての布陣であった。しかし、三成の作戦急変には対応しておらず、関ヶ原決戦の布陣が進む中においても、なお、旧来の位置を保持したままであった。あるいは、眼下の中山道を西進する家康が、そのまま南宮山北西に陣を張ると予想して、後方の山上から一気に駆け下り、襲撃するという作戦に切り替えたかもしれない。吉川広家が東軍と内通し、後方の本隊は動けない状態だといっても、戦場では何が起こるかわからない。

不気味な毛利勢に対しては、最大の防御態勢が必要だった。対毛利作戦は、大戦の行方を決定する先鋒と同等、あるいはそれ以上の重要任務となった。絶えずその動向を注視していた輝政軍こそ、その任にふさわしい。こうした状況が、おのずと輝政のポジションを決めたのである。輝政軍の「殿配置」は、家康の信頼もあるが、必然の結果と見るのが妥当であろう。

## 毛利勢を封じ込め

家康は、赤坂から関ヶ原へ転進するに際し、その左手に展開する毛利勢を警戒し、進軍を躊躇していたという。「神君（家康）、詐謀（吉川内通）を頗《すこぶ》る疑い給う」様子だったが、本多忠勝の「……池田三左衛門、浅野幸長陣を置き候こと牢固に候えば、お気遣いなく大旆《はい》をすすめられ然るびょう存じ候」（『略記』）という進言で、本隊を西へと進めたというのである。輝政らの強固な防衛陣への信頼が厚かったのだろう。

こうして十五日早朝、関ヶ原本戦が始まった。東軍では黒田長政、福島正則ら、西軍では島左近、宇喜多秀家、島津義弘らが奪戦、激闘が続いた。家康は、桃配山からさらに西の陣場野に進出し、小早川秀秋の〝寝返り〟を促し、大戦は一気に決着することになるのだが、膠着状態の中にあって、南宮山の毛利秀元本隊が動こうとしたという。しかし「吉川広家前軍にあって敢て旗を動かさず。秀元は広家を越えて軍を進め難く、殊に池田・浅野の軍山下に列し、兵を励まし待ちかけたる。秀元の兵進退処を失い……されば南宮山の敵終始兵を交えず。猶予する内、関が原の戦敗れぬ」。輝政軍の〝睨《にら》み〟がいかに利いたか、それによって関ヶ原が終わったことを『略記』は誇示している。

大勢が決した十五日午後、輝政軍は、敗走する安国寺、長束、長宗我部軍を追撃し、戦果を挙げたという。一方、大垣城では西軍守備隊が健闘し、一週間ほど持ちこたえたが、降伏した。その間、輝政は、大坂城に迫る家康本隊に同行し、徳川が実権掌握を誇示する「家康の西の丸入城」への道を開いた。その道は同時に、「播磨五十二万石」へ通じる道でもあった。

# 第四章

# 世界遺産の創造

## ―姫路で異能を開花

## 1　西国防衛ラインを姫路・播磨に

慶長五年（一六〇〇）九月、関ヶ原合戦を制した徳川家康は、池田輝政らを従え、そのまま大坂城西の丸に入った。誰もが、家康を新たな〝天下人〟として認めざるを得ない状況が生まれていた。とはいうものの、石田三成を討ったのは、あくまで、豊臣政権内部における奸臣を除くという大義名分からであって、豊臣家は、秀頼を擁してなお存続している。家康は、秀頼の〝臣下〟であり、実質的な〝天下人〟という、二つの矛盾した立場にあった。しかも、全国各地に、なお大坂の豊臣に与する勢力が多くあり、いつ、反徳川の動きを見せるか予断を許さない。

### 輝政軸に大規模な戦後処理

こうした状況下、家康は、諸大名の改廃、転封を強行し、大掛かりな〝戦後処理〟に乗り出した。三成に与した大名の多くを取り潰すか、大幅に減俸して列島周縁の遠隔地に強制転封すると同時に、列島中央部には徳川一門の親藩か、あるいは、三河以来仕えてきた譜代大名を配した。一方、関ヶ原で家康側についた親藩・譜代以外の、例えば輝政などの大名については、大幅に加増して、いわゆる外様として厚遇する。ただし、彼らも、大規模な転封の波を受けて多くが元の領地から離れざるを得なかった。ことに列島中央部にいた外様の多くが、遠く東日本、西日本に配されることになったのである。

　家康の天下構想は、江戸の徳川政権中枢部を、列島中央部の親藩・譜代大名で包み込み、政治的安定を確立するというものであった。そのために、大坂の豊臣家はやむを得ないとして、特に、東（北）と、西（南）に防衛ゾーンを設定する必要があった。西国および、東北の反徳川勢力の攻勢を防ぎきる〝防波堤〟の構築が喫緊の課題となったのである。

徳川家康像（兵庫県立歴史博物館蔵）

　北の防衛ゾーンは、関東北部に点在する川越、忍、古河、関宿など小藩を連結して、そこへ、後に幕閣を支えることになる俊英を配置し、さらに、厩橋（前橋）に重鎮の酒井家を置いて守りを固める。酒井家は、家康の命により「永代」に厩橋を守ることを申し渡された。一方、大坂の周辺には、彦根に井伊家を配したほか、淀川沿いなどに小藩を連ね豊臣を監視する体制を整えた。問題は、西の大防衛ゾーンをどうするかであった。

まず、設定地域、場所についてである。大坂に豊臣がいるから、摂津周辺に防衛ラインを敷くのも一手であろう。しかし、家康はまず、豊臣の封じ込めを狙って、親藩・譜代で固めた列島中央部の中に大坂を組み込むのがいいと考えたようである。

そうすると、必然的に摂津の西、つまり播磨が防衛の最前線となる。戦国末期、織田と毛利が覇権を争った際、この播磨・姫路が、西国攻撃の最前線になったと同時に、西からの攻勢を防ぐための最適のエリアとして機能したという歴史の教訓もある。当時、織田信長の命を受けて西国征討に当たった羽柴秀吉が、姫路城に居て播磨を領したことでいかに戦いを有利に進めたかは、家康ならずとも戦国武将ならだれでも知っている。事実、秀吉は、天下を手中に収め、姫路城から大坂城に政治拠点を移すにあたって、後任の姫路城主に、最も信頼のおける異父弟の羽柴秀長を但馬・出石城主との兼任で配するという形で異例の人事を行っている。さらに秀長の後には、正室・おねの兄である木下家定を置き、西からの脅威に備えている。これらの事実は、西国防衛ゾーンとして播磨・姫路がいかに重要かということをはっきりと物語っている。

では、姫路を任せられる武将はだれか。家康は、輝政をおいて他にないと考えていた。数々の激戦を経るごとに戦闘能力を高めており、関ヶ原では一、二を争う功績をあげている。治世においても、前任の岐阜、三河吉田での実績もある。改革を標榜しつつ伝統をも守る――幼名・古新の名をそのまま体現するかのような硬軟、新旧織り交ぜた柔軟な統治手法は評価できよう。第一、家康の娘婿である。池田は外様ではあるが、親藩に近い。一方で、秀吉の養子として「羽柴」を名乗っており、豊臣びいきの武将にも受けがいい。大坂をけん制するには最適の人物である……家康は、そんな判断を下したのではないか。

### 美濃か、播磨か——姫路入りに複雑な経緯

しかし、輝政の姫路入りについては、複雑な経緯を経て決まったことをうかがわせる後世の記述がある。『池田家履歴略記』は、「（関ヶ原の論功行賞として）今度有功の賞として播磨国五十二万石を給ひぬ」と記した後、この経緯について〝注釈〟のような形で次のように伝えている。

「神君（家康）内々に仰せありて、播磨、美濃両国の内いずれにても望みにまかすべし、との御ことなり。国清公（輝政）家老を集め異見を問い給う。衆皆中国は不案内なり。美濃は旧領なれば濃州を望み給わんこと然るべしという。独り伊木豊後黙して論ぜず。国清公伊木に向かいその意を尋ね給うに、豊後は播州しかるべし、その故は里説に　一に播磨、二に越前と申して、播州は大上々の国たること歴然なり。天下兵乱に及ばば、東西の戦場多く尾・濃の間なり。されば末代に至りて関東により制せられ、御手広くなるべからず。播州は西は備前を隣、南に淡路あり。これ永世基業を興すべき地なりという。国清公をはじめ、この儀

に随い衆議一決す。ゆえに吉田を転じて播磨国を賜いしという……」

輝政の播磨入りについて、不思議な経緯が記されているのである。関ヶ原後の大名配置に当たって、家康は、輝政にこう言ったという。

「播磨か美濃、どちらでもお前の望み通りに与える」と。このようなご下問がありうるかどうか。あったともなかったとも言えないが、そのことは別にして、輝政はこの家康からの指示について家老の会議に諮ったという。「どう思う」と問う輝政に、みな「中国（播磨を中国と認識している）は不案内である。美濃は（かつて輝政や兄の元助が岐阜を、父の恒興は大垣を領した）旧領であるから当然、美濃を給わるべきである」と主張した。ところが、筆頭家老である伊木豊後守（清兵衛忠次）一人だけ

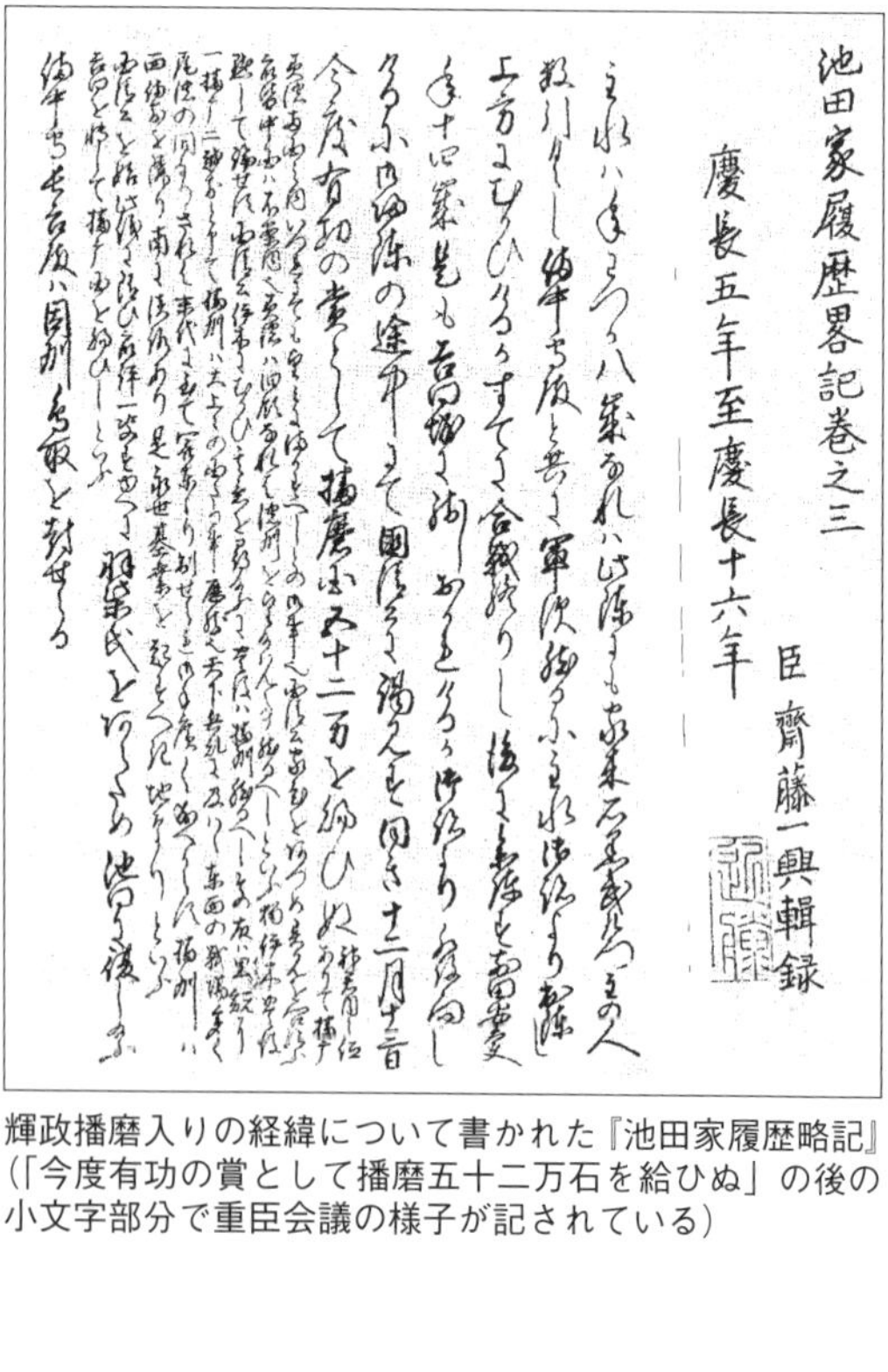


輝政播磨入りの経緯について書かれた『池田家履歴略記』（「今度有功の賞として播磨五十二万石を給ひぬ」の後の小文字部分で重臣会議の様子が記されている）

が、一言も話さず議論の輪に入ってこない。輝政が、なぜ黙っているのかと問いただしたところ、伊木は、こう答えたという。

「播磨がいい（に決まっている）。なぜなら里説には、一に播磨、二に越前という。播磨は大上々国―大国中の大国、上国中の上国であることは歴然としている。一方の美濃は、もし（今回の関ヶ原のような）天下分け目の合戦が起こった場合、東西決戦の戦場は多くが尾張、美濃の間で行われ（その戦場になる）。美濃を領地とするならいずれ（政権側）の関東に支配され、領地経営の拡大は望めない。これに比べて播磨は、西に備前が隣接しており、南には淡路がある。（これらを含めて池田家の領地として豊かで広大な）この地を永代にわたり経営基盤として池田家の発展を図るべきである」

伊木のこの主張を輝政が了とし、家老全員も賛意を表して、池田家の播磨入りが即座に衆議一決、決定したというのである。

## 家康の〝政治工作〟も推測

『池田家履歴略記』が伝えるこのストーリーは、いかにも〝ドラマ仕立て〟であるが、恐らく、これに似た状況があったのかもしれない。歴史の裏話は、その真偽について証明のしようがないが、少なくとも、その背景については読み解くことができる。例えば、次のような事態を想定してみよう。

関ヶ原直後、列島の軍事的・政治的状況は、なお不安定であった。そのために、家康は諸大名の大規模転封を行ったのだが、最も警戒したのは中国の毛利、九州の島津、黒田などである。彼らの東進を全力で食い止める必要があった。そのためには、一般的には二つの方策がある。一つは、武力を誇示してあからさまに防衛線を構築する。もう一つは、彼らの反幕府感情を逆なでしないことである。脅しと懐柔という矛盾した策を同時に打ち出すことによって〝反逆感情〟をより的確に抑えることができる。

家康は、早々と輝政を姫路に配することを決めていたのだろう。娘婿として自分に最も近いこの「最強の大名」を動かすことで、西国に対する防衛ラインを築くことにしたのである。しかし、輝政が一、二を争う〝武闘派〟であることは、関ヶ原前後から、多くの戦国武将が認めているところである。その輝政が、姫路で西国に睨みを利かすということになれば、毛利、島津らがあからさまに敵意をむき出しにしてしまうわけだ。しかも、それを家康直々の命で決定するとなると、彼らの反発も倍加し、なお不安定な江戸政権にとっては、逆に不安材料にもなりかねず得策ではない。

そこで、と家康は策をめぐらせたのではないか。「美濃か播磨か」と、輝政に選択を求めるような方法で領土配置を決めることなど通常ありえないことだが、もし事実なら、そのあり得ない手法を家康は採用したのであろう。異例中の異例ともいえる選択を求めた裏側には、家康の老獪で複雑な〝政治工作〟があったと見たい。そうでなければ、「美濃を」という圧倒的多数の意見が一瞬に反転し、真逆の「播磨へ」という結論に達する不可思議な決定などあり得るはずがない。

そこで、家康のとった政治工作を、以下のように推測してみたい。

西国に余計な反徳川感情を生じさせないため、輝政の播磨入りについては、池田家の希望、もっと言えば強い意思で実現したという形をとりたいと、家康は考える。しかし、池田家に新領地の選択をゆだねると、(重臣会議で示されたように)旧領で、なじみの美濃か尾張を望むに決まっている。そこで、家康は、一人の人物を思い浮かべる。それが、伊木(豊後守忠次)である。

伊木家は、池田家筆頭家老の家柄であるが、もとは織田家に仕え、香川と称した。犬山城西南の長良川右岸に位置する伊木山での合戦で功を挙げ、信長から伊木姓を賜った。この伊木山周辺を本拠とした伊木氏は、木曽川中流域の流通等を支配する豪族、いわゆる「川並衆」の代表格として勢力を誇っていた。その後、羽柴秀吉らに仕え、例えば墨俣一夜城の築造などに深くかかわっている一族である。やがて池田家に仕え、関ヶ原の前哨戦である岐阜城攻略に当たっては、地の利を得て木曽川渡河作戦を主導し、輝政を勝利に導いている。

この伊木に対して、秀吉も、家康も強い信頼感と親近感を持っていたことは、何度か述べてきた。小牧・長久手合戦で池田家の当主と嫡男が相次ぎ討ち死にした後、秀吉が伊木に池田家の家督の一部を与えようとしたというし、家康は、自ら調合した薬や陣羽織を授けるなど大名の一家臣に対する振る舞いとしては異例の対応を見せている。こうした対面を通じて、秀吉も家康も伊木の忠誠心と豪胆さ、さらにはその知略をも見抜き高く評価していた。

家康は、この伊木を使ったのである。「播磨か美濃か」と問いかけるが、池田家中の反応は、間違いなく全員が「美濃」というに決まっている――家康でなくとも、誰もがそう思う。そこで家康は、伊木に〝一芝居〟を命じたとしても不思議ではない。「お前一人だけでもいいから、播磨がいいと言え」といったかどうかわからないが、そういう状況をほうふつさせるような記述である。むろん、輝政もこの〝芝居〟は承知している――。

## 伊木一人の意見を採用

こうした〝政治工作〟のストーリーに沿って、池田家重臣会議が開かれたのだろう。会議は予想通り、美濃派が大勢となった。池田家発祥の地とされる美濃西部の揖斐郡・池田郷には輝政の祖父・恒利、父・恒興の墓所がある。恒興がかつて美濃・大垣を領したことは一族の大きな誇りであったし、輝政自身も初めて実質的な〝城主〟となったのは、この美濃の一角、池尻であった。さらに輝政にとって美濃は、恒興と実兄・元助亡き後、家督を引き継ぎ、兄の遺領岐阜の城主として出世街道を歩み始めた地でもある。美濃か播磨か、と問われれば、誰もが深い縁を持つ美濃を望むのは自然の成り行きである。

議論が美濃でまとまりかけたころ合いを見計らったように、輝政が伊木に発言を求めた。打ち合わせ通りに——と目配せしたかどうかわからないが、伊木はその場の雰囲気が大転換するような意見を発したのである。

「天下分け目の戦場になる可能性の高い美濃よりも、南に淡路、西に備前という可能性に満ちた領地と接する播磨こそ、池田家を永年にわたり繁栄させる領地はない」

理屈は通っている。しかし、決定的に美濃を打ち負かすほどの理由ではない。これに対し、美濃説を主張した他の家老たちの反応は、『略記』には書かれていない。一人、播磨を主張する伊木の説に対して、まず輝政が賛意を表している。そして、当主の意を受け、家老全員が播磨を支持し、一気に「衆議一決」となったというのである。筆頭家老と当主が決めれば、それに従うのは当時としては珍しくはないが、なんとも不思議な会議ではある。会議そのものがフィクションでなければ、伊木と輝政の強引な手法で、不可解な結論を導いたということができよう。そこに、政治工作のにおいが強く漂っているのである。ちなみに、この伊木は、輝政の姫路城建造に当たって、主導的な立場に立つのだが、ここでも、家康の江戸城と連動、呼応した独特の縄張りを施すという役割を演じたことにも注目しておきたい。なお、伊木はその後、三木城主となり、その墓は、三木市本要寺にある。

## 備前、淡路を手中に

いずれにしても家康は、自らの計略通り、新たな幕府の〝守護神〟として、輝政を姫路に配した。播磨五十二万石の太守はこうして誕生する。

西国諸大名の反発が、最小限に抑えられたかどうかわからないが、あるいは、輝政という人物の新旧併せ持つ〝柔軟性〟への評価も確かにあったことであろう。実際「三左衛門（輝政）が姫路にいる限り、徳川は大坂を攻めない」とさえ言われていたという。輝政が、豊臣恩顧であることもさることながら、家康、反家康グループの双方から〝安定した守護神〟として認識されていたのであろう。その意味では、家康が主導した池田家の播磨領有は、大きな政治的成果であったといえよう。

輝政は、慶長五年（一六〇〇）十月、姫路に入封した。輝政は、実はこの時まだ羽柴姓を名乗っていたようだ。しかも、輝政ではなく「照政」と称していたのだが、この姫路入りを機に、やがて池田姓に戻り、呼び名も輝政と変え、領国播磨の経営に当たっていくのである。

こうして播磨を領有した輝政だが、この慶長五年秋、同時にもう一つ重要な大名配置が行われている。輝政の実弟・長吉が、因幡・鳥取六万石を拝領しているのである。池田家の版図が播磨から因幡へと連続していることに注目したい。

さらに、慶長八年正月、家康は、輝政と督姫との間に生まれたわずか五歳の忠継に備前二十八万石を与えた。関ヶ原合戦で備前の太守であった宇喜多家がつぶれた後をめぐって、榊原家が備前を欲していたといわれるが、家康は、自分の孫にその地を与えたのだった。加えて、慶長十五年には忠継の実弟で九歳の忠雄に淡路六万石が与えられた。こちらも藤堂家との間で綱引きがあったとされるが、家康はいずれをも、わが孫の領地としたのである。備前も、淡路も、輝政の嫡男・利隆が執政に当たった。播磨か美濃かを決める会議で、伊木が主張した「西に備前、南に淡路」という版図拡大の夢と、余りにもうまく符合しすぎるきらいはあるが、結果的に輝政は、播磨に入ったことで一族の領地を大幅に拡大することになるのである。

播（幡）、備、淡―播磨、備前、淡路、そして因幡を合わせた池田家の版図は、実に九十二万石。加えて、輝政は、播磨入りと同時に新たに検地をおこない二割打ち出し、つまり二〇％の増税を行っているので、輝政に実質石高は六十二万石ということになる。これで、池田一族は百二万石という破格の石高を誇る大大名となる。そして、因幡から淡路に至る南北の防衛ラインが百万石を有する池田一族によって形成され、こうした権力と経済力の増大をバックに、輝政の姫路城建造が進むのである。

## 2 〝百万石の城下〟へ、新たな町づくり

### 広い播磨、初期統治に腐心

池田輝政が姫路入りするにあたって、複雑な経緯があったことをうかがわせる伝承が残っていることについては、前節に述べたとおりである。いずれにしても、慶長五年（一六〇〇）九月の関ヶ原合戦直後には池田家の播磨領有は決定し、輝政は、西国と大坂という反徳川の二大勢力を牽制するという重要任務を帯びて姫路に入ってきた。後に〝西国将軍〟と異称される輝政の、播磨支配、というより西国統治が始まることになるのである。

「……十二月十三日今度（関ヶ原合戦）有効の賞として播磨五十二万石を賜いぬ」

と、『池田家履歴略記』にはあるが、それより先、十月十五日に移封は決定し、翌十六日にはコメ売買の制限など九カ条の「掟」を発布している。家中の移動には相当の日時を要するから、まず、池田家の先遣隊が、続いて輝政一行が、あるいは『略記』のいう師走に姫路に入ったのかもしれない。

姫路入りした輝政は、広大な播磨を統治するにあたり、主要拠点に支城を構えた。入封早々に

三木、赤穂、龍野、平福（利神城）、明石（船上城）、そして後に建てられる高砂を合わせた六城である。三木には伊木忠次、赤穂には池田長政、龍野には荒尾成房、平福には池田由之、明石には池田利政を配した。伊木は輝政が最も信頼する側近中の側近で、その息子とともに姫路城の縄張りを敷いた人物。池田長政は輝政の末弟。荒尾成房は輝政の母・善応院の実弟の子。池田由之は、輝政実兄で長久手合戦で討ち死にした元助の子、本来ならば池田家を継いでいた人物。池田利政は輝政の八男（側室の子）である。いずれも一族の〝エース〟と言っていい人物たちだ。

赤穂上水最大の難工事となった切山隧道＝赤穂市高尾（赤穂市教育委員会提供）

このうち赤穂については、後に「代官」として垂水半左衛門を配している。赤穂はそれまで備前・宇喜多藩領であったが、関ヶ原で西軍に加担した城主秀家が八丈島に流され、播磨・池田藩に組み込まれたのであるが、輝政は、この反徳川感情の残る赤穂で、ことに民生を重視した。城下に生活水を配するため、半左衛門に千種川上流部から隧道掘削によって水を引くという難工事を命じ、完成させた。これが水道史上に画期を刻む「赤穂上水」で、江戸の神田上水、備後の福山上水とともに日本三大上水と呼ばれている。

さらにこの年、姫路の正明（称名）寺をはじめ多くの寺社に寺領を安堵し、翌慶長六年には、羽柴秀吉との合戦で自刃した別所長治をまつる三木の法界寺にも三十石の寺領を与えている。長らく織田、羽柴への謀反という汚名を着せられながらもなお地元で敬われている長治ら別所一族を、あらためて〝復権〟させ、統治の障壁を取り除こうとしたのだろう。

赤穂、三木の例を挙げるまでもなく、西国にゆかりの無い輝政が、最も信頼のおける人物を各所に配し、領国支配の基礎を固めている。そこには領民慰撫の姿勢を見せつけるなど、播磨全域の初期統治に腐心していた様子がうかがえる。前任地の岐阜、三河吉田での領国統治から得た教訓も踏まえてのことであろう。

## 「秀吉の城と城下町」一新へ

播磨周縁部の統治に気を配りながら、輝政はおひざ元姫路の大規模整備に取り掛かった。

当時の姫路は、黒田家が統治していたおよそ半世紀前とそう変わりはなかったと思われる。姫山と男山、その間に妹背川（のち船場川）が流れ、市川も野里あたりからの〝支流〟が現在の市街地を南へ流れ下っていた。姫山の南には、東から国府寺村、宿村、福中村と呼ばれる三つの村が連なり、それなりの賑わいを見せていたようである。このあたり一帯が姫路と呼ばれており、ことに宿村は、その地名が示すように「宿場」であったのだろう。そしてこの姫路が、ヒト、モノ、情報の頻繁に行き交う重要拠点であることをいち早く見抜いたのは、姫路を統治していた黒田家の当主、官兵衛である。官兵衛は、羽柴秀吉の中国攻めに際し、自分の〝姫路城〟(館)を秀吉に無償提供し、征討作戦とそれに続く空前の中国大返しを成功に導いたことはよく知られている。

官兵衛から姫路をもらった秀吉は、天正九年(一五八一)、姫山に新たな城郭を築いていた。『播磨鑑』などによると、三重天守の西日本最大級の城郭だったようで、秀吉の生涯を綴った『豊鑑』はこのように記している。

「石をたたみて山をつつみ、池をうがちて水をたたへ、やぐらどもあまた造り、天守とかやとて組み上げ高くそびやかし、家々のかまへきびしく、かわらのいらか軒を並べ……」

姫山山麓を石垣で囲み、その上に有天守の厳しい城郭が高らかに建っている。防御も兼ねたのだろうか、生活用水確保のためか、池も掘られている。本格的な城構えがうかがえる一方、瓦屋根をもつ家々の描写もあり、城下の賑わいにも言及している。

城を築いた秀吉は、新たな城下を城の東に展開したようである。鋳物師の拠点であった野里あたりから南へと町場が広がっており、瓦の甍は、この一帯での様子をいっているのだろう。

秀吉は、姫路城建造から二年後、新装なった大坂城に移るが、その後の姫路城主には、異父弟の羽柴秀長を但馬・出石城主との兼任で、さらに続いて正室おねの兄・木下家定を充てている。いずれも秀吉の最も信頼する武将で、姫路が、西国を抑えるうえで最重要の地であることを秀吉が強く認識していたことを如実に物語っている。この秀吉の後継人事の考え方は、徳川政権も受け継ぎ、江戸期を通じても、幕府が信頼できる〝最強の大名〟を姫路に置くこととなる。輝政はまさにその第一号となるのである。

輝政は、秀吉の〝遺産〟であるこれら城下町と城郭を一新するのである。まず、城下町の整備から見てみよう。

## タテ町からヨコ町へ──八十八町の市廛を開く

秀吉の造った城下町は、一つは鋳物師の拠点を軸として城の北東側、つまり、現在の野里から南へ延びる町場、もう一つは城の西側、今の龍野町に移住させられた内外の商人集団によってつくられた町場と考えられている。これに対し南側は、先述のように、国府寺、宿、福中という旧来の集落が占めていた。この三村は、例えば播磨国総社の「一ツ山」、「三ツ山」といった伝統の大祭を取り仕切っており、城主というより、神社に対する縁を強く持っていたために、恐らく〝城下〟という意識にはやや欠けていたのではなかろうか。

こうしたことから、輝政以前の姫路城下ということになると、城の東、野里を軸として南に延びる一帯を指していたと考えられる。城に対して南北方向に縦に展開する、いわば「タテ町」と呼べるエリアが形成されていたのである。

姫路入りした輝政は、新たに城下を造成するにあたって、〝手つかず〟で残っていた南の三村を軸に、東西に広がる新たな町を開くことにしたのである。これは、秀吉時代の南北に延びる「タテ町」に対し、東西に延びるいわば「ヨコ町」といえよう。播磨国総社の氏子として、これまでの時の権力者の庇護のもとに、特権的な地位を維持してきた三村を、半ば強制的に立ち退かせようとしたのである。一方で領民慰撫の姿勢を見せながらも、新しい町を開くことによって、輝政の権力を誇示しようとした側面もあろう。もちろん、これまで二万五千石程度であった姫路の石高が、一族を合わせると一気に五十倍近くになり、城郭もそうだが、城下町も、石高にふさわしい規模に大きく拡大しなければならなくなったという背景もある。

新しい「町割り」について、『略記』には次のような記述がある。

「……姫山の下なる宿村、中村、国府寺村の三村をも合わせて皆姫路と号す。元来、城地狭隘なれば、伊木長門に命ぜられ再興あり。伊木引き縄して五重の天守を作り、内外の郭をひろめ八十八の市鄽をひらき（東は橋本町より西龍野町六丁目まで三十六丁五十間七寸、南は飾磨門より北は威徳寺町まで三十六（三十三）丁二十間三尺三寸という）九年にして功成りぬ……」

これによると、東西三十六丁余、南北三十六（三十三）丁余の範囲を城下の中心として、ここに八十八の市鄽《してん》、すなわち町区画を整備した。分かりやすく言えば、おおむね一里（四キロ）四方の中に八十八の町が誕生したということである。ただ、具体的な街の数については、後に七十八カ町を数えているが、当初の町数・八十八についてははっきりしない。吉祥数字かも知れないが、いずれにしても、この一里四方のエリアに城郭を中心にした輝政の新しい城下町・姫路が展開することになるのである。

## 姫路町に「十九ヶ条の掟」

年が明けて慶長六年三月、新しい町を開くにあたって輝政は、その統制を図るために、治安対策的な「掟」を各地で連発している。中でも「十九ヶ条の掟」と称される姫路町に出された掟には、輝政の町人政策が端的に示されている。この掟は、江戸後期に編まれた『村翁夜話集』などに掲載されたもので原資料を欠くが、池田家が後に発布した法令集と酷似した部分が多く、恐らく輝政によって出された掟であることは間違いないとされる。

主な条文は、以下のようなものである。

一、町人而他国之者申事仕候を理非等分之儀ハ他国之者ニ理を可落着事（便宜上①とする、以下②～⑪）

一、於町中喧嘩仕輩町人として押留様子可申上、付奉公人と町人喧嘩仕候ハヽ、町人存分ニ可申付事②

一、辻切在之ハ夜番之者聲を立町人出相留へし、若又番之者油断せしま声も不立迯ニおゐて当番之者可為曲事③

一、諸奉公人町並ニ住宅停止たるへし、但町役を勤町人相談之上ハ不苦事④

一、町家売買之義町奉行並其町之年寄へ相届売渡へし、若隠売買仕ニ於いてハ買主損たるへき事⑤

一、火事有ハ老若ともニ出合消べし、若油断之輩可為曲事⑥

一、博奕双六諸勝負停止之事⑦

一、町之内諸役許侯者たりと云ふ共夜番等之義ハ町並之者同事たるへき事⑧

一、後家之家ニ宿を借る義停止事⑨

一、町人下女ニ至る迄かどハかす輩可成敗事⑩

一、辻立尺八三味線辻角力禁止之事⑪

このように、掟は、まとまりのないバラバラの条文を列挙したように見えるが、要点は、おおむね次の四つに分けられる。

一、姫路町の振興

二、町の治安維持
三、町役負担の義務付け
四、屋敷売買の統制

細部にわたって規制を強化し、町人の暮らしに全面介入しようとしているのである。池田家という新たに入封した藩主が、この城下を統治するのだ、という強い意志を読み取ることができる。

**他国者優遇、治安重視、町役義務化…**

新たに発布されたこの「掟」について、四つの要点にそって細かく見てみよう。

まず一点目は「町の振興対策」。新しい町を作るにあたって輝政が重視したのは、人々の交流である。それも、播磨地域以外からの人の流入を図ろうとしていたことがうかがえる。町人と他国者が論争した場合、その言い分が同じであれば、他国者の理をとるべきであると、第一条に明記されている（①）。域外からの人口流入を促そうという政策である。「他国の者」という〝異種〟を入れることによって新たな刺激を町に与えようとするのである。また（武家の）奉公人と町人が喧嘩に及んだ場合、町人の言い分を聞くという（②）。町人の自由度をある程度確保し、活性化に寄与しようということだろう。

二点目は「町中の治安対策」である。辻斬りが出れば町人が声を出して阻止し、もし番の者が声も立てずに逃げたりすれば当番の者を厳しく罰するとしている(③)ほか、火事が発生すれば、老若問わず出動すべきで、そうしなければこれも厳しく罰する(⑥)とする。〝後家之家〟に宿を借りることや、賭博、女性の誘拐を禁じ(⑨⑦⑩)、角力、尺八など辻立の芸能も厳しく取り締まっている(⑪)。町の統制のために犯罪を取り締まり、風紀の乱れも防ごうとしているわけだが、裏を返せば、町中にかどわかし、辻斬り、怪しげな辻立ちなどが横行していたということだろう。戦国期の混乱した世情もなお尾を引いていたことが伺える。こうした事案には、町人自身が率先して対応すべきであるという、いわば〝町内自治〟を強制しているのである。

三点目は「町役負担の義務付け」である。武家の奉公人が町並みに住居を持つことを禁じた条文では、同時に彼が町役を勤め、町人がその居住を認めれば住んでよいとしている(④)。町人居住地と武家居住地を峻別すべきことを明確に規定するとともに、町に住む者は町役負担を厳に努める義務を課しているのである(⑧)。これは、前項の治安対策における町人自身の自主対応を促していることにも通じる。

四点目は「町中屋敷の売買」に関することである。城下町の拡大により、恐らく屋敷の売り買いが活発化していたのだろう。もし、隠れて売買すれば、買った方が損をするという決まりまでが定められ、無秩序な買い取りに厳しい規制がかけられている。売買には、許可が必要で、町奉行、及び町の年寄に届けたうえで売り渡せとある(⑤)。町奉行と町年寄が売買を統制し、町家及び町全体を管理しようという仕組みである。

このように、「十九ヶ条の掟」は、他国者を優遇し町の活性化を図り、治安を維持して風紀の取り締まりを徹底すると同時に、町役の義務化を強制しつつ町人の自由度にも一定の気配りを見せ、町家の管理権を手中に収めたうえで城下町の支配を強化しようという、輝政の初期施政方針がはっきりと読み取れるのである。

## 高砂築城、巨船も建造─徳川防衛着々と

ところで、輝政が姫路入封直後に六つの支城を築いたことは先に述べた。そのうち高砂については、他の五城よりも遅れて慶長十年(一六〇五)に築城されている。遅れた理由は不明だが、古くからあった高砂神社を西方に移動させ、その後に造営している。『高砂誌』などによると、東西五十一間、南北七十間の本丸に十一の城門を配している。さらに四町四方を区切って武家屋敷を造成したという。また、それと前後して、秀吉時代から延び延びになっていた現在の高砂西部海岸の築堤工事にも着手し、法華山谷川沿いに龍が鼻までの長大な堤防工事も完成させた。災害防止が主目的だが、戦乱に備えての海防対策でもあったのだろう。

この海防について、輝政はことのほか重要視し、巨大軍船(安宅船)「阿武丸」を建造、飾磨津に配したほか、高砂港にも巨船を中心に千石クラスの船数百艘を係留して、厳重に海の守りを

固めている。このうち、阿武丸を飾磨から城下に導くために南北の大運河を計画したともいわれる。今の通称「三左衛門堀」のことだが、その真偽についてはよくわからない。また、高砂の巨船軍団については、もちろん出番はなく、その後船体が朽ちかかったらしく、口の悪い福島正則などはこれを「阿房丸」と称して嘲笑したというが、輝政のスケールの大きな海防思想は三河吉田時代に芽生えたと考えられ、世情の高い評価を得ていたという。

海と同時に城下町においても新たな防衛ラインを構築した。城下の東部に寺院を南北に連ねるように移転させていわば〝軍事空間〟を作り、外部からの攻撃に備えようという構想だ。今の寺町が、それである。

三左衛門堀＝姫路市三左衛門堀東の町

こうした「徳川政権の防波堤」を自任するかのように、次々と防衛対応策を打ち出す輝政が、その究極の「砦」として建造に着手するのが、新構想を存分に盛り込んだ城郭である。秀吉の城を取り壊し、新しい姫路城が、間もなく建ち上がる。

## 3　姫山に巨大城郭——幕府を守る美しき防波堤

### 西国と大坂を〝両にらみ〟

関ヶ原合戦の後、徳川家康は新たな全国統治のための大規模な大名配置を断行した。

基本方針は三つある。①列島中央部を三河以来の「譜代」と、徳川一族である「親藩」で固める②関ヶ原前後に臣従を誓った「外様」は、西国、奥州の遠隔地に配置替え③列島中央部の西と東（北）に信頼厚い一族を置き、江戸の防衛ゾーンを構築する——という三点である。

このうち特に、防衛ゾーンについては細心の注意を払った。奥州境の北関東に連鎖的につながる忍、関宿、岩槻など中小の城には幕政を担う、あるいは担った若手を、西国境の播磨には、外様ではあるが、家康が絶対的な信頼を置く池田輝政を配置するという選択を

江戸幕府の「東西防衛ライン」

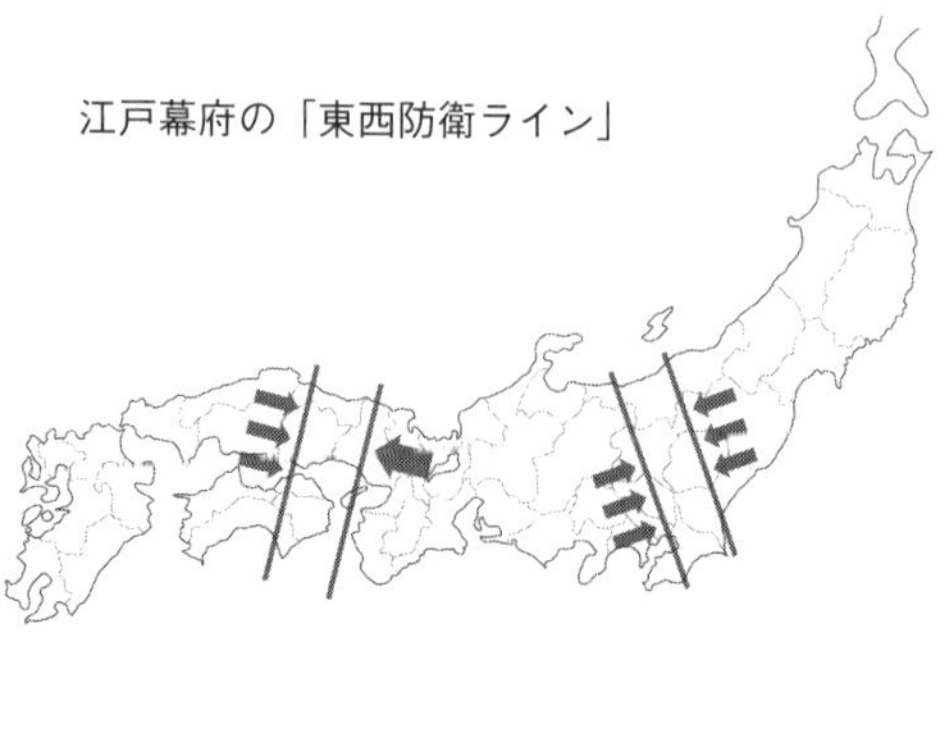

したのである。

輝政には、西国への睨みと同時に、もう一つ〝隠れた任務〟があった。豊臣秀吉の後継として、秀頼がなお強大な権力をもって君臨する大坂を監視することである。輝政は、典型的な「豊臣恩顧」の大名で、石田三成との確執から家康に与していたのだが、当時「三左衛門（輝政）が姫路にいる限り、家康も大坂を攻めない」との風聞もあった。後に輝政が亡くなったとき「これで家康が大坂を攻める」といわれたともいい、こうした微妙な政治力学が働く中、輝政は大坂を監視することになったのである。

島津、毛利らの反徳川感情の強い勢力にいらぬ刺激を与えないために、池田の姫路入りに際して〝政治工作〟があったのではないかと、本章第1節で推測、考察したが、同じように、大坂の豊臣に対しても刺激を避けるための、これは極めて有効な配置であった。輝政の姫路移封は、家康による絶妙の人事といえよう。

## 目立つ城郭──「古新の城」を構想

輝政は、姫路入封直後から、赤穂、龍野などに支城を築き播磨統治の実を上げるとともに、西国、大坂への備えを強化したとはいうものの、これらの城は、北関東のように個別大名が支配する城郭ではないし、激烈な戦闘に耐えうるものでもない。

そこで、反徳川勢力から幕府を守る輝政の〝守護神〟としての居城、つまり、そこが防衛拠点であることを誇示するシンボリックな城郭が必要となる。恐らく、輝政が江戸の将軍職を播磨で代行する〝西国将軍〟であることを自他ともに認めていたのであろう。『池田家履歴略記』には、輝政歿時の記述中に、「(生前は) 威勢比ぶ人なく当時西国の将軍と呼ばれるほど」と記されており、その〝西国将軍の居城〟として、強烈な印象を刻むことのできる城郭の建造を、輝政は構想していたのである。

それまでの姫路城は、羽柴秀吉―羽柴秀長―木下家定と続いた城主の流れに見るように、豊臣というより秀吉のイメージが極めて強い城であった。まずこれを払しょく、併せて池田一族・百万石の威容を示し、なじみの薄い輝政の存在感を西国諸国に強烈に焼き付ける必要があった。

具体的には、三重でそびえる秀吉の城を完全に取り壊し、その城地の真上に新たに築城工事を起こす。過去を否定したようではあるが、「古」いものの上に「新」しさを付加するという、輝政の幼名・古新そのままに「古新の城」ともいうべき城郭を企図したのである。

築城工事は、輝政入城の翌年、慶長六年(一六〇一)に始まった。その新城は、徳川の時代を告げるとともに、無益な戦を力づくでも抑える、攻めても無駄であるという城――「戦国時代からの決別」を宣言するような役目を持った、いわば「平和の城」に仕上げなければならない。そして、最新の築城思想のもと、最先端の技術を駆使して、北関東防衛に当たる数城分もの存在感を出せる巨大で、目立つ城郭を構想するに至ったと思われる。

〝目立つ城〟の根幹は、デザインとスケールである。革新的な機能の充実も必要だ。極端に言えば輝政は、これまで見たこともないような城郭を築こうとしているのである。このことが、西国における池田のパフォーマンスを徹底させ、幕府の強力な防波堤として睨みを利かせるとともに、「時代の転換」を天下に告げるモニュメントともなるのである。

## 伊木を奉行に新城郭構想——「総構え」の縄張り

輝政は、この一大城郭工事の総責任者、奉行として、家老の伊木忠繁を起用した（『略記』）。忠繁は、家康の意向を受けて池田家の〝播磨入り工作〟を図ったとみられる伊木忠次の嫡男である。父・忠次が三木城主となってすぐに亡くなったため、輝政が最も厚い信頼を置く伊木家の新当主として池田家中も取り仕切る立場にあった。

輝政の意を受けて、伊木忠繁が構想したのは、まず、「総構え」の城郭であった。標高四五・六メートルの姫山に天守閣を構え、南に向けて大手を開く。この城地を囲んで、家老屋敷及び武家屋敷、町人屋敷を設定する。城地とそれぞれの住居地は、堀で厳格に区画するとともに、それぞれの居住地そのものが敵の攻撃を受け止める防衛帯の役目を果たす。大坂で秀吉が採用した最強といわれた城下町の都市構造である。これが「総構え」で、輝政も「渦郭」という新構想を付加して、この方式を採用した。少し遅れて、江戸城の建造も進み、同様の城下づくりが本格化していた。姫路と江戸で、軌を一にしたようなプロジェクトが、ほぼ同時進行していたのである。

当時の姫山山上にあった秀吉の城は、天正九年（一五八一）に建てられたもので、三重天守の城郭であった。その天守へ向かうのに二つのルートがあったと考えられる。東の山麓から急坂をほぼ直登するルート――現在の喜斎門からとの四～一門に至る坂道と、南麓から斜面をジグザグに登るルート――菱の門から「い」「ろ」「は」「に」の門をくぐる現在の登城正面コース、である。この二つのルートに挟まれるように、高さに応じて本丸、二の丸、山里丸など整地された曲輪が広がっていた。

縄張りは、まず、この城地の設計から着手したはずだ。基本的に秀吉の設計に沿った地割を構想したようだ。ただ、山頂の本丸は大幅拡大して整地し、新たな本丸として整え、その一段、二段下にそれぞれ二の丸、三の丸を展開するという造成計画を打ち出した。

続いて、というより、城地造成とほぼ同時に、城下の区画にも着手していく。すなわち、姫山の山頂、山麓に展開する城地を中心に置き、これを囲むように武家屋敷、町人居住地を設定し、各エリアを完全に分離するための縄張りを打つ。具体的には、それらの境界に堀を穿つのである。この堀が、武家と町人との居住境界になるとともに、敵の侵入を防ぐ強力な防衛ラインともなる。町全体で敵を封じる典型的な「総構え」の構図である。

## 渦巻き状に堀を穿つ──「左螺旋の縄張り」に

城郭の造営工事は、「普請」と「作事」に大別される。普請は、概ね土木工事全般を、作事は天守閣や櫓など大工工事のことを言う。

姫路城の造営が、どんなプロセスで執り行われたのかを示す資料はない。恐らく、普請、作事が並行的に進んだものと推測されるが、初期造営の進捗を示すほとんど唯一の資料として、現大手の桜橋の擬宝珠に、「慶長七年十一月野里五郎衛門尉充商」の銘が刻まれていることが分かっている。つまり、着工翌年のこの年に内堀を渡り大手につながる桜橋が完成し、野里鋳物師の棟梁・芥田五郎右衛門充商が擬宝珠をはめ込んだということで、まず、内堀の掘削が早々と進展したとみることができる。

姫路城の堀は、独特の形状を呈している。姫山の東北隅、現在の姫路神社に西接する山麓の一角を起点に、平均幅約十メートル、同深さ二・五メートルの規模で穿たれた堀は、城地を左回りに一周して内堀を形成。さらにその外側二重目が中堀、三重目が一部船場川を取り込んで外堀となる。内、中、外堀は、左巻きの渦を巻くようにつながり、総延長約十一キロにも及ぶ。

堀には、その断面の形状から①箱堀②毛抜き堀③薬研堀④片薬研──などと称される種類がある。箱堀は比較的簡単に掘れて工期も短いが防御機能は弱い。片薬研は最も難工事であるが優れた防衛機能を持つ。工事の難易度と防御の難易度とを巧みにバランスを取りながら、掘り進められたと思われるが、基本的には外堀の大半が箱、内堀は概ね片薬研であったと思われる。

掘削された土砂は、堀の内法部分に積み上げられ、土塁が建ち上がっていく。そして、内堀に囲まれた「内曲輪」、内堀と中堀に挟まれた「中曲輪」、中堀と外堀に区切られた「外曲輪」と呼ばれるエリアが生まれる。内曲輪は城郭本体のスペース、中曲輪は武家屋敷、外曲輪は基本的に町人の居住地となる。

こうして、城郭を中心に、左巻きの渦が巻くように堀と土塁が連なり、つながっていく。「左渦郭式」と呼ぶ城下の縄張りが整備され、武士、町人、それぞれの〝立ち位置〟が厳格に峻別された近世城下町の骨格が出来上がるのである。

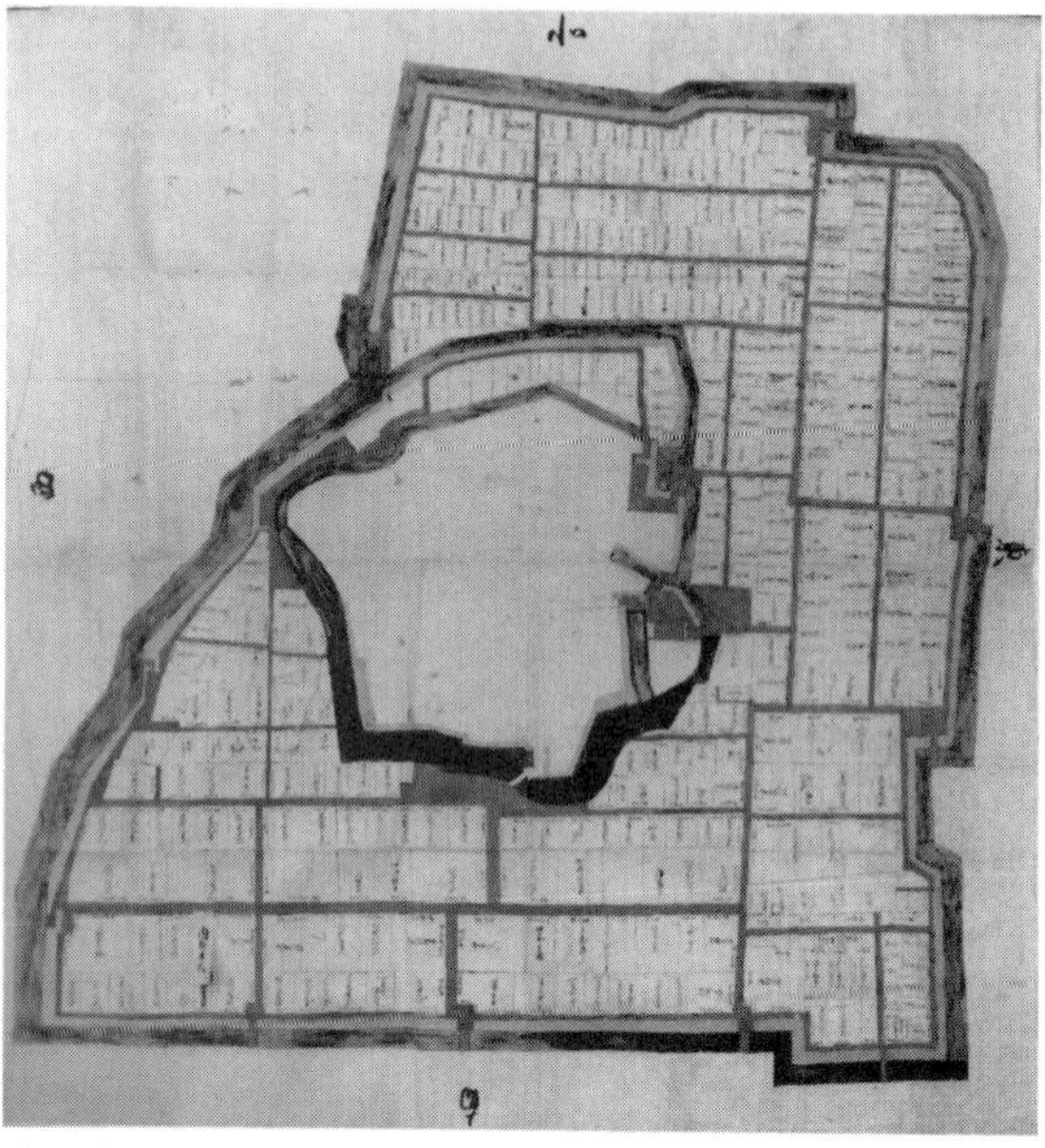
池田家時代の城下図（岡山大学附属図書館蔵・姫路市城郭研究室提供）

## 「内曲輪」に壮大堅固な新城郭

中・外曲輪の町割りと同時に、内曲輪における城郭建造も進んでいった。大工の棟梁は、秀吉の城を建ち上げた伊勢の名工礒部直光の直系・礒部直政とその一団が、石垣工事は最新技術を持つ穴太集団の堀金一族が当たった。

内曲輪の基本設計は、姫山山頂に建つ秀吉の三重天守を取り壊し、天守台を南東方向に拡大して新たな巨大天守閣を建ち上げ、山麓にかけて二の丸、三の丸を造成する。要所には、各種の門を多数配置し、隅櫓、多門櫓（渡り櫓）、狭間を抜いた土塀、高石垣などの整備も進める。最強の防御構造である。秀吉時代の、例えば大天守が近づいたり、遠ざかったりして、侵入軍を欺くように設計された九十九折れの登城ルートなどは最大限に生かしつつ、かつ、バランスよく土塀や石垣、建物を配置していったのである。これら幾重にも重なった構造物は、山麓から眺めると重層的な外観を呈し、華麗さを演出するとともに、難攻不落の印象を強烈に刻む。土塀などに開けられた狭間も、眼下の敵陣に対し死角のない角度で設計、配置された。

内曲輪では、普請と作事がほぼ同時並行的に進められたと思われる。膨大な数量にのぼる石材や木材はおおむね近郷から集められた。石は、古墳時代から採掘の続く領内産の竜山石のほか姫路北方、西方の山などから切り出し、木材は宍粟産のものが多く使われたようだ。大天守閣を支える大柱は、領内寺院の大木を使うこととなった。想像を絶する厳しい運搬作業が延々と続いたが、輝政の望み通り「天下に目立つ城郭」が次第に姿を整えていった。

## 五重大天守閣に画期的技術

城郭全体の仕上げは、天守群の作事である。輝政が、新しい城郭を構想してからすでに六年余が経過していた。途中、家康の江戸城建造などに手を取られ自城の工事が大幅に遅れたのだが、新天守の設計は、すでに決まっている。江戸築城での新知識も援用したのだろうか、先端の築城技術、最新の築城思想を駆使した「連立式天守群」の建立である。

連立式天守は、天守の防衛能力を極限まで高めた構造である。天守閣の建築手法は、城の防衛機能を考慮して、時代とともに進化、発展している。天守単体で建つ「独立天守」に始まり、その天守に櫓を付随させた「複合式天守」「連結式天守」などに発展し、最後に大天守と三つの小天守を渡り廊下で「ロ」の字状に連結した「連立式天守」が出現する。まず正面防衛を図り、次いで側面防衛の機能を加え、最終的には四方八方からの攻撃に耐える究極の防衛構造を有する最新の天守造りとなる。

連立式天守の中心となる大天守閣は、地下一階、地上六階建てだが、外観は五重で聳え立たせることとした。当時の技術では、それ以上高い城郭は造れない。限界への挑戦であった。その頃に建てられた天守は「後期望楼型」といい、二—三階の入母屋造の母屋の上に望楼と呼ばれる〃一室〟を乗せた造りになっている。まだ、一気に五重・六階建ての建造物を建ち上げる技術がなかったのだ。

輝政の意を受けた棟梁儀部直政の構想は、一四・九メートルの天守台石垣上に四つの〝ブロック〟を積み上げ、大天守を建ち上げるというものだった。第一ブロックは地階・一階・二階部分。第二ブロックは三階。第三ブロックは四階。第四ブロックは五・六階部分である。二階までが「母屋」で、ここから上が母屋に乗った「望楼」。この四つのブロックを、どう支えるかに大城郭建立の成否がかかる。直政の手法は、中心部に高さ二四・八メートルの巨大な大柱（心柱）二本を並立させ、地階から六階床下までを貫いて立てるという革新的なものであった。これで、地階から六階までのブロックを一体化させることに成功。望楼部を含めた五重・六階の構造物全体を支え、かつ安定感を保つことができるという画期的な技法なのである。

こうして建ち上がった大天守閣は、石垣上からの高さ三一・五メートル。下層階から上層階にかけ、絶妙の逓減率を伴って次第に細く、高くなるという特徴をもつ。屋根のデザインも、平屋根、千鳥破風、唐破風など変化を持たせ、直線、曲線、斜線を効果的に組み合わせた。この上なくスマートで美しい城影は、「すっくと立つ」という表現が、いかにもふさわしい。これ以上の美しさは、他にないというほどスタイルのいい城郭が建ち上がった。

## 聳え立つ純白の連立天守

輝政は、なお「目立つ城」にこだわる。この大天守を軸に、独自の「連立式天守群」を企図するのである。

まず、天守台の北東角に「丑寅櫓《うしとら》」（東小天守）、北西角に「戌亥櫓《いぬい》」（乾小天守）、南西角には「未申《ひつじさる》櫓」（西小天守）を建ち上げ、これらを渡り櫓（廊下）で「ロ」の字型につなぐ。これで、連立天守群が誕生するのだが、三つの小天守は、いずれも外観は三重、石垣上の高さは東一三・一メートル、乾一五・一メートル、西一三・三メートルと微妙に違う。内部は、東小天守のみ三階で、他の二棟は四階。いずれも地階を有している。この、少しずつ違った小天守が、巨大な大天守を差し上げるように囲んでいる。

天守群の際立った大小対比は、大天守閣をいやがうえにも目立たせる。同時に、微妙な高低差で凹凸を描く複雑なスカイラインを伴い、重厚、華麗で、見飽きない城影を作り出す。連立式

一体感を伴った姫路城独特の連立式天守群

天守という新しい手法を採用した城郭のなかでも、大・小天守が、これほど近接して、天守群の一体感を醸し出し、圧倒的な存在感を持つ城郭は、ここにしかない。

さらに、壁、露出した柱、瓦の目地まで、すべてが真っ白の漆喰で塗り固められたと思われる。「白漆喰総塗籠造」と呼ぶ。白は、古来日本人が求めた「究極の美」とされる。従来の黒い城という概念を打ち壊し、真逆の白い城にこだわった輝政の美意識が際立っている。

姫山に純白の連立天守が建ち上がったのは、慶長十四年（一六〇九）。徳川政権を支える最重要の砦は、攻撃を萎えさせるほどの威圧感とともに、優しすぎるほど繊細で華麗という二面性を持って出現した。「力」から「美」へ。輝政の姫路城は、時代の転換をしっかりと告げるモニュメントとなったのである。

## 4　最高の美、最強の防衛、巧妙な政治性

慶長十四年（一六〇九）、足掛け九年の歳月をかけて姫山に建ち上がった新しい姫路城を、あらためて見てみよう。そこには、西国将軍・池田輝政の大胆で斬新、かつ細心の築城思想を端的に示す特徴的な〝顔〟がある。最高の美、最強の防衛構造、巧妙な政治性というこの二つの顔である。この顔に輝政の築城思想が集約される。ここではそれぞれについて少し詳しく検証してみよう。

### 白の魅力―常識破った白漆喰総塗籠造

戦国時代の城は、総じて黒い装いである。黒は権威と強さを象徴しつつ、一方であまり目立たず、防御面からも好都合だった。有天守の城郭が登場してからも同様で、羽柴秀吉が姫山に築いた三重天守の城も、その後、新しく造営した〝天下の大坂城〟も、基調は黒であった。今に残る国宝の松本城、松江城といった戦国期を代表する古城も黒い威容を誇る。輝政が前任地の三河吉田で築いた城も黒基調で、これが戦国大名の常識だった。しかし姫路に入った輝政は「西国将軍

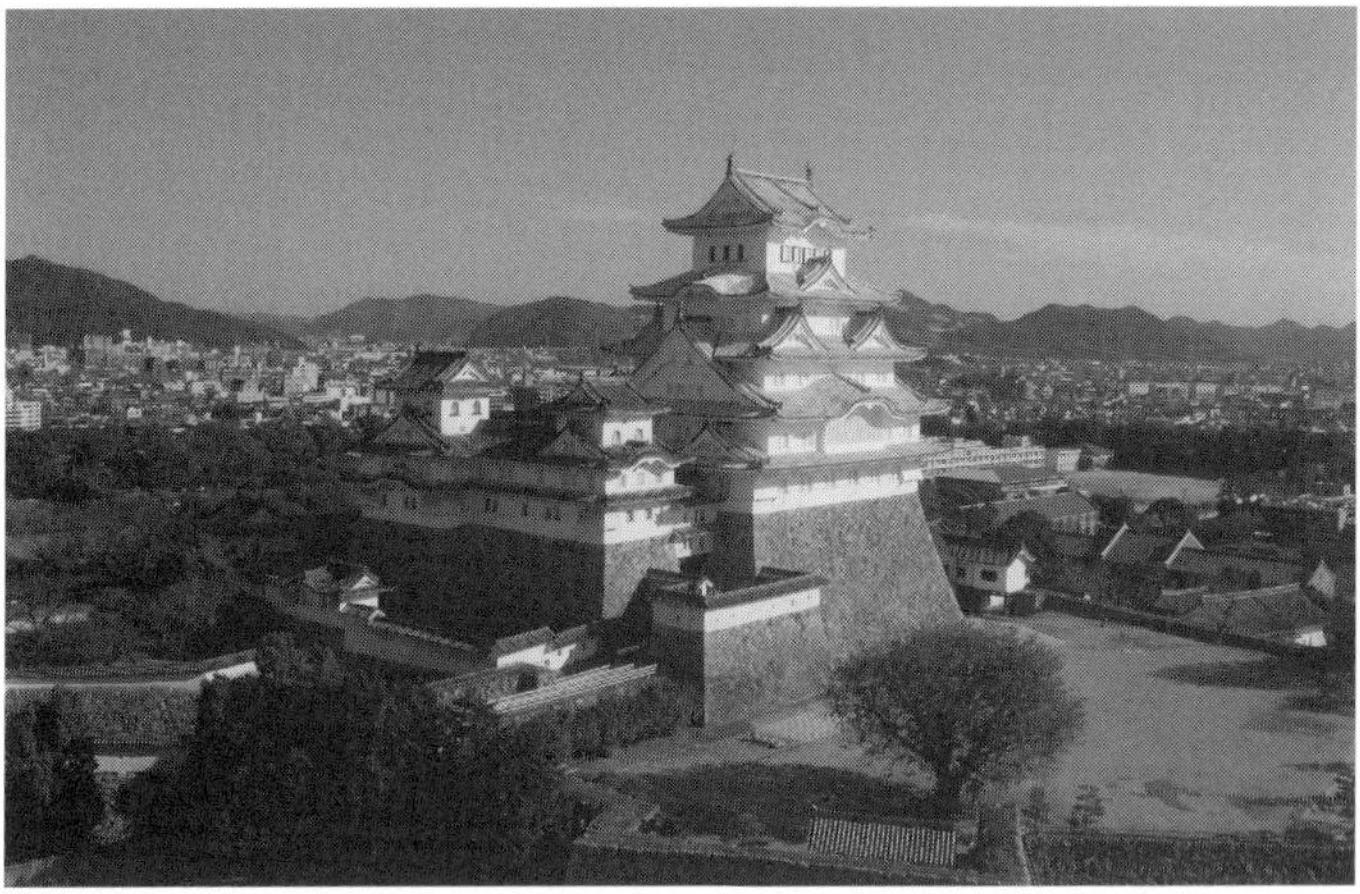

美しい立ち姿を見せる姫路城（姫路フィルムコミッション提供）

の城」として、正反対の白を選択した。しかも全面真っ白という大胆な構想を打ち出したのである。

ここに「白漆喰総塗籠造」の城郭が誕生する。大天守閣はもちろん、小天守、各櫓、土塀、さらには長押や垂木など外部に露出した木材までも白漆喰で固めた。瓦の目地にも漆喰を施したと考えられ、黒く見えるはずの屋根も白く輝かせたのである。当時は、白漆喰の大量生産が可能になったこともあり、こうした工事ができたという側面もあるが、それよりも、ここまで極端な白色へのこだわりぶりを見れば、輝政が、意識的、積極的に白を選択したと解釈するのが妥当であろう。

輝政が白色にこだわった訳は、まず美の追求にあった。色彩心理学では「白はすべての色を超越した美」だとする。国際的にも、白色は高貴な色とされ、ある種の白い動物は「神聖さ」をも象徴する。日本人の美意識の中でも、古来、白は「別格の美」として認識され、文学作品の中でもよく取り上げられている。美しい城を表現する最も効果的な白色を、輝政は採用したのである。白すぎるほどの眩《まばゆ》さの中から、輝政がいかに「城郭美」にこだわったかが伝わってくる。同時にそれは、「白紙」に戻すという、リセット意識にも通じる。過去をご破算にして、新しく西国将軍の統治が始まることを無言で告げ、さらに後述するが、秀吉の大坂城に代表される戦国期の黒い城に対抗して、新時代の到来を強烈に印象付けようとしたのだろう。白い城から、輝政の新しい城郭に込めた深い思いを読み取ることができる。

## 抜群のフォルム――均衡と非均衡

輝政の姫路城大天守閣は、後期望楼型と称される。外観五重、内部六階地下一階の構造だが、当時は、まだ一気にこの高さの建造物を建ち上げる技術はなかった。前節で述べたように、大天守閣は、東西二本の大柱（心柱）を軸に地階から二階までを母（主）屋とし、その上に望楼部が乗っかるように造られている。あたかも井楼を積み重ねたよう各階が組み立てられており、荷重を考慮して上階にいくほど階の規模を小さくしている。

一階から六階まで各階の床面積を比較してみよう。詳細は一一三ページの〈表〉（『姫路市史』等に収められたデータから筆者が算出）の通りだが、最上階の六階は、一階のほぼ五分の一。上階にいくほど急激に狭くなっている。また、外観については、一重から五重までの軒高を見ると、最上階の五重部分が際立って高い。

こうしてみると、姫路城の大天守閣は上階にいくにつれ「狭く、高く」なっていることがあらためて分かる。ことに最上階は極端に狭く、高い。「優雅でスマート、すっくと立っている」と表現できる。スタイルが大変いいのだ。ちなみに巨大城郭では、例えば名城といわれる名古屋城は、築城技術の発達によって上部構造を大きくできたこともあり「ずんぐり型」となって逆にスマートさが失われている。初期の江戸城も、最上階が姫路城とは逆に低くなっており、優雅さを失している。

天守の美は、下の石垣部分と上の城郭本体部分とのバランスによっても決まる。輝政は石垣の高さを一四・九メートル、建物の高さを三一・五メートルとした。石垣上に、ほぼ二倍の高さで天守本体が乗っかった格好である。この一対二の比率は、視覚的に均整の取れた安定感をもたらす。名古屋城は一対二・九、江戸城は一対三・三。それなりの城郭美を醸し出してはいるが、上部構造の巨大さが目立ち不安定感を免れない。

以上、輝政の企図した美しい姫路城の立ち姿について考察したが、ここには、均衡と非均衡という二つの矛盾した要素が内蔵されている。均衡・均整のとれた大天守のフォルム、つまり全体イメージに対し、各階床面積、軒高等の数値が示す通り、均衡・均整という概念を全く欠いていている。また、大天守閣は、上階にいくほどに、狭く、高くなってはいるものの、例えば、普通の建築であれば一重ごとの高さを一定にするとか、床面積の逓減率を規則的に保つなどの建築手法がとられるのだが、そんな規則性、法則性は全くなく、いわば出来合いで各階を積み上げていったようにさえ思われる。後述の連立式天守構造における大天守と小天守の高さ比率においても同じことが言える。

このアンバランスが、姫路城に独特の美——すなわち、整いすぎた美よりも、整わない〝乱調の美〟を現出させている。六階まで一定基準のもとに均衡を保ちながら一気に建ち上げることができなかったという当時の技術水準が、非均衡の美を〝偶然〟にも生み出したと言えなくもないが、輝政はそこまで計算したのかとさえ思いたくなる。

## 連立式天守群——大・小天守の集合美

新城の建ち上げに際し、輝政がこだわったもう一つの要件は連立式天守構造である。連立式天守の造営に当たっては①新しい美の創造②革新的技術の採用③防衛機能の強化——という三つの目的があったと思われるが、②は前節に述べたとおり、③は後述するとして、ここでは①について考えてみたい。

いわゆる「天守十徳」という概念がある。江戸期の軍学書に紹介されているものだが、防御、攻撃にあたって天守閣が果たす重要な十項目の役割について述べたもので、その最後の項目に「一城之飾」という条文がある。単なる「お飾り」ではなく「シンボル」として、天守閣が発する威容というか〝オーラ〟の重要性を説いていると考えられる。城郭建築に当たって、いかに「天守を飾るか」――城主の最も腐心するのはこの点である。

輝政も「天守を飾る事」に執着したのだろう。戦国末期ごろまでは、大天守閣一棟だけが単体で建つ城郭がほとんどだったが、輝政は天守台に四棟の建造物を構想した。それも大小取り混ぜての配置である。具体的には天守台南東角に巨大な五重の大天守閣、その北に三重の「丑寅櫓《うしとら》（東小天守）」、その西には「戌亥櫓《いぬい》（乾小天守）」（三重）、さらにその南に「未申櫓《ひつじさる》（西小天守）」（同）を建ち上げた。そして、大天守閣を要に三棟の小天守を渡り廊下（多門櫓）で連結する。大小四棟の天守が四隅に建ち上がりそれぞれが「ロの字状」につながって、真ん中に中庭状の空間が形成される。

これが「連立式天守」である。大天守閣一棟だけで建つのと比べると、比較にならないほど複雑で重層的な美しさを演出し、見る者を圧倒する。しかも姫路城では中核の大天守が、高さ、ボリュームとも際立った大きさで聳えるとともに、付随する三小天守の高さもそれぞれ微妙な違いを見せる。これに大小四天守が醸し出す変化に富んだスカイライン、メリハリの効いたリズミカルな凹凸感なども加わり、その美しさに、華麗さと深みをもたらしているのである。

連立式天守の城郭としては現在、伊予松山城（愛媛県松山市）と和歌山城（和歌山県和歌山市）があげられ、独自の美観を呈している。しかし、姫路城と比べると同じ連立式というものの、天守群の立ち姿、美的感覚は全く違って見える。大天守閣の規模やデザインの違いなどもあるが、最大の理由は、大天守閣と三小天守との距離・規模の違いである。ことに距離については、四棟が近接すればするほど重厚な集合美を見せ、外見上の美しさを決定づける。姫路城の連立デザインは、他の二城に比べると、棟同士が著しく接近している。それが、天守群の一体感、まとまりを見せ、あたかも高層建築が林立したように圧倒的でダイナミックな美しさにつながっていくのである。

このように「一城之飾」に腐心した輝政の姫路城は、二つとない美しい城として建ち上がった。この西国将軍が美しさを追求した背景には、極めて政治的な思惑があるのだが、これについては後述の「政治性」の中で考察する。

## 最強の防衛システム

輝政が採用した連立式天守は、実は、美的効果を演出すると同時に、最強の防御構造として構想されているのである。

戦国期を通じて城の天守は前述のようにいくつかの発展段階を経つつ進化している。初期の天守は、単体で建ち「独立式」と呼ばれるが、四方からの攻撃にさらされ、防衛上、弱点が多い。これを是正したのが、天守正面に小さな櫓を敷設した「複合式」で、正面の防御態勢を強化した。次に登場するのが、付設した櫓を前面に分離して本体の天守と渡り廊下でつないだ「連結式」。これは、渡り廊下から左右の迎撃も可能となり、正面の防衛機能がより高まる。しかし、天守の左右、後方の守りが手薄になるという欠陥は残ったままだ。

そこで正面、側面、後方、それぞれの方向での防衛強化が図られ、最新の築城技術として登場するのが「連立式天守」である。「ロの字状」に囲まれた天守群に陣取った兵は、渡り廊下を自在に移動しつつ、四方八方からの寄せ手に対応できるという優れた防御能力を発揮する。

輝政は、膨大な資金力を背景に、美しい城影の追求と、最強の防衛体制を構想する中で、連立式天守にたどり着いたのであろう。

さらに幾重にも土塀を巡らせ、塀や壁には数千カ所にも及ぶ狭間が開けられた。銃で外敵を狙う発砲角度に死角はない。大天守閣内の狭間は、何と内部に向けて開かれている。大天守閣内にまで侵入した敵に、隠れ部屋から最後の抵抗を試みるのだ。このほか、鉄砲で眼下を狙う多数の「石落とし」のほか、要所には幾つもの枡形を配置、敵軍の一気せん滅を狙った。

登城ルートである九十九折れの急坂は、天守閣へ近づいたかと思うと遠ざかるようにつながっている。遠近感に錯覚を起こすとともに、進むにつれて道幅が狭くなり進軍を困難にする。「にの門」の手前まで来た敵の大軍は、身動きができなくなるほどに詰まってしまう。平成の大修理直後に、この門前で空前の観光客が立ち往生し、前に進めず大混乱したのは記憶に新しい。それと同じ状況になるのである。

またルートの各所には埋門や櫓門など厳重な多くの門が設けられた。わが国最強の門とされる「ぬの門」など重要な門には鉄板が貼り付けられ火器の攻撃に備えた。螺旋状に穿たれた内、中、外堀も当然、最高度の防衛機能を発揮する。

西国将軍の姫路城は、このように輝政の思いを前面に、最高度の防衛機能を有する〝ハリネズミ〟のような城郭に仕上がったのである。

美しい文様を刻む狭間

## 姫路と江戸、呼応する政治性―東西二眼レフで列島統治

最高の美で存在感を増幅し、連立式天守群で最強の防衛体制を敷いた輝政が、最も重要視した

と思われるのは、姫路城の政治性である。江戸に幕府を開いた徳川家康の列島統治構図については前節に述べたとおりだが、その基本は、関東北部、及び西国の東端つまり播磨・姫路に強力な防衛ゾーンを築き、江戸を守るとともに大坂城の豊臣勢を監視することにあった。

このため、家康の江戸城と、輝政の姫路城とが密接な連携を保っているというメッセージを発信する必要が生じる。新たな姫路城主に家康の娘婿である輝政を配したのは連携を誇示する第一段階である。次に発するメッセージは、城郭の姿であろうか。そうした観点から姫路城と江戸城を見ると、明らかにこの二つの城が呼応して建造されたのではないかということが強くうかがえる。

姫路城は慶長十四年(一六〇九)に、江戸城は同十二年(一六〇七)にそれぞれ大天守閣が完成している。輝政は、江戸城の天下普請の中核大名として加わりながら、姫路城の建造にも当たっており、ほぼ同時並行で江戸、姫路ふたつの築城工事が続いたわけだ。

建ち上がった両城の姿は、共に五重の大天守閣を有する巨大城郭である。しかも、屋根から壁まで真っ白。白ずくめの巨大城郭は、当時、この二城が際立っていた。

それに、両城とも連立式天守という独特の設計が施されている。江戸城の連立式天守については、近年発見された「江戸始図」(松江歴史館蔵)で、大天守と小天守の大小比率、近接度など、姫路城に類似した珍しい構造であることが判明した。デザインだけではなく、構造にも共通点があることに注目したい。

さらに、両城の堀の形状にも興味深い共通点がある。いずれも渦郭式で、渦巻き状に掘られているのだが、このような堀は大規模城郭では姫路と江戸にしか存在しない。しかもその渦は、姫路の輝政が左巻き、江戸の家康は右巻きを選択、奇妙な対比を見せる。

こうした類似点は何を意味しているのだろうか。

まず、二つの白い城。これは、豊臣の黒い大坂城に対抗したといわれる。次いで、類似の連立式天守構造。反幕府勢力に対する最強の防衛機能を、東西で呼応して造り上げたこと、そのことを明確に見せつけているのだろう。

堀の渦巻きについてはどうか。『姫路市史』は、渦について〝政治の気運〟〝統治の機運〟を示しているとする。江戸の渦は中部日本から東北日本を、姫路の渦は西日本をそれぞれ席巻し、新しい江戸幕府が江戸と姫路を〝二眼レフ〟のようにして列島全域を支配・統治するという強い意志を表し、同時にそうした機運は、豊臣をけん制するために大坂へも向けられたものだと読み取れるというのである。

随所にみられる姫路城と江戸城の類似点だが、単なる偶然と片づけられない。重要なメッセージとして、輝政らの意図を的確に読み取る必要があるのではないか。

## 「武」から「文」へ統治思想を大転換

最後に、美しい城についてもう一度考えたい。輝政が美に執着したのは、美しいものへの憧れと同時に、時代の大転換期に対応したと考えたい。戦国期の政治は武力による力の支配であったが、「ポスト関ヶ原」の新しい潮流は「武」の対極にある「文」だと輝政は実感したに違いない。「武」というういわば〝ハードの政治〟ではなく、「文・美・知」といった〝ソフトの政治〟でなければ、民は追随しない。そんな統治思想の大転換期であることを強く認識したと思われる。武張った城より、美しい城を――輝政が新しい姫路城に求めた役割は「美による統治」という側面があったことも忘れてはならない。後の「元和偃武《えんぶ》」――武器を収めるという戦のない時代への助走が、ここに始まっているのである。

江戸城と酷似した構造といい、白い城郭への輝政の思いといい、姫路城は、輝政が極めて強い政治的意図をもって造営した城郭なのである。

第五章

# 「心」に分け入る

## ―天狗の正体、城の妖怪、言行録…

## 1　姫路城に妖怪現る

美しい城郭には、妖怪譚がつきものである。慶長十四年（一六〇九）に建ち上がった池田輝政の姫路城でも、奇怪な〝できごと〟が相次ぎ、今に語り継がれている。伝説は、多くの場合「歴史的ファクト」をルーツに持つ。その背景を探ることで、時代の雰囲気、輝政政治の一端に迫ることができるだろう。今節と次節、二節にわたって姫路城の妖怪話とその背景を探ってみたい。

**数々の変事に「八天塔建てよ」―『村翁夜話集』の世界**

幕末の地誌『村翁夜話集』に、「八転堂之事」と題して次のような記述がある。「八転堂」は、後述する「八天塔」のことである。

「慶長五年八月、池田殿三州吉田より姫路へご入部遊ばされ候処、夜子刻後、一丈余の悪鬼の姿にて人を化し殺事打続……御城御台所怪敷事有之、……」

輝政が三河吉田より姫路に入封した慶長五年八月（輝政入封は十二月なので誤記）、深夜子の刻になると身の丈《たけ》一丈（約三メートル）もある悪鬼が現れ人々を化かして殺害するという事件が相次いだという。家臣が悪鬼の腕を抜き打ちで落としたところ、それ以後、怪事件は城内、台所へと拡大していく。大釜の上に打ち落とした腕が乗っかっていたかと思うと、ほし菜を売る声に

天守最上階にまつられた刑部神社

誘われた女中が行方不明になる。八尺ばかりの山伏が輝政の枕元に立つ。占い師を呼んだところ宿の娘が狐になった。女中の枕辺に一丈ほどの坊主が現われ数珠をくりながら「ワッ」とないた。家士の一人が鷺山の上から一丈ほどの毛むくじゃらの巨大な手で投げつけられ絶命した。

さらに、姫山の松の木が十本ほど倒れるなどの変事が続く中、輝政付の上臈《じょうろう》のもとへ女が現われ、近日中に輝政が発病すると告げた。また、塗り笠を冠った女二人が、長壁（刑部）神社の外で踊り始めたかと思うと、ある夜、歳二十八ほどの女が、番衆に小半紙五十枚ほどの綴じ文を「輝政殿に渡してくれ」と言いつつ姿を消した。

その文面には「しどけなき文字」で、変事を防

ぎ、病気快癒を願うのであれば僧を招き祈祷を施し、「八転堂（八天塔）」という天竺（インド）に発し唐を経てわが国へ伝来したが、六百年来断絶し誰も知らない魔除けの塔があり、これを建てるがいい、と記されていた。

その指図通り檜原大工に命じ「八天塔」を建て、贄をつくしたお供えをして修法を施したところ、輝政の病状は「快気御本復成」され、御城内も静かになった。ただ、お供え物は残らず消え失せていたという。

実はこの『村翁夜話集』の話は、姫路城妖怪譚の「総論」といっていいものである。文面は①三河から播磨にやってきた〝新参〟の池田輝政とその家中の者が、妖怪に悩まされたこと②輝政が病気になること③その回避策として祈祷をして「八天塔」を建てたこと——という三つの部分からなっている。『村翁夜話集』の筆者は、江戸時代を通じて語り継がれてきたこれらの話に、独自の脚色を施して、一つの話に仕立て上げている。

このうち②と③、つまり輝政の病気と「八天塔」建立は紛れもない史実なのである。ことに「八天塔建立」については、後述するように、「天狗の手紙」あるいは「天狗の落とし文」と呼ばれる長文の〝原文〟が残されている。そこには輝政を呪う不思議な文言が書き連ねられているのだが、これらの「架空」と「現実」がどのように一体化していったのだろうか。一体化の過程で、輝政施政の現実——「政治のリアリティー」が浮かび上がってくると考えたい。この政治のリアリティーを検証する前に、まず『村翁夜話集』のもとになったと考えられる妖怪伝説と、不思議な「天狗の手紙」のことについて見てみよう。

## 「池田三左衛門どのわづらひの事」「ひめぢの城ばけ物の事」──『諸国百物語』の世界

姫路城の妖怪話は、江戸中期から幕末にかけて編まれた二つの代表的な書物に紹介されている。一つは延宝五年（一六七七）に出た『諸国百物語』、もう一つが享和元年（一八〇一）に平戸藩主・松浦静山が編んだ『甲子夜話《かっしやわ》』である。

『諸国百物語』は、全国の怪異談をまとめた五巻の怪談集で、各巻に二十話ずつ計百話の奇怪なストーリーが収められている。その中に姫路城の話が二つ収められている。一つは第三巻第十一話「はり満（播磨）の国池田三左衛門どのわづらひ（煩い）の事」。もう一つは第五巻第四話「播州ひめぢ（姫路）の城ばけ物の事」と題されている。

「……池田三左衛門殿わづらひの事」は、病気になった池田輝政の快癒を祈り、比叡山の高僧が祈祷をするのだが、その最中に美しい女性が現れ、祈祷をやめるように迫る。高僧はこれを拒否して剣を掲げて立ち向かうと美女は二丈（約六メートル）もの鬼神に身を変えて逆襲。高僧を蹴殺しにして消えてしまったという話。晩年の輝政は、実際に「中風」（循環器系疾患）を患い、祈祷を受けている。この物語が成立する五十年あまり前のことだが、これがベースになっているのである。

「……城ばけ物の事」は、姫路城最上階に夜毎怪しげな火が灯ることから始まる。その正体を見定めに（秀勝という名の）城主の命で、若侍が登城すると、そこには美しい上臈が座っており「なぜここに来た」と詰問する。若侍は、主命だと答えると「ならば許す」といって櫛《くし》を持たせて帰す。

若侍は、城主にその櫛を見せたところ、それはいつも具足箱にしまっているはずの家宝の櫛であった。不審に思った秀勝は、自ら確認すべく最上階に赴く。しかしそこには誰もおらず、暫くして、なじみの座頭が登ってきた。そして
「琴を弾きたいが爪箱が開かないので、何とかしてほしい」

と頼むので、秀勝が開けようとすると、手が爪箱にくっついてしまう。足で開けようとすると、今度は足も箱から離れなくなってしまった。その途端、座頭が巨大な鬼神に変身し「我は、この城の主である。我をおろそかにし、敬わなければ引き裂いて殺す」とすごむ。秀勝は平身低頭したところで、我に返る……と、そこは、天守ではなくいつもの居間であった、という話である。

これら『諸国百物語』の妖怪は、いずれも〝無名〟であるが、いつの間にか城郭建造によって移転を迫られ、怨念を持ったとされる姫山の地主神・刑部神社の祭神「おさかべ（姫）」と混淆して、やがて姫路城に「おさかべ」という妖怪が誕生する。鳥山石燕《とりやませきえん》（一七一二～八八）の描い

た長壁姫の画面には「長壁は古城にすむ妖怪なり　姫路におさかべ赤手拭いとは童もよくしる処なり」と紹介され、後に松浦静山が『甲子夜話』で姫路城の妖怪を「姫路のおさかべ」と称して詳述している。

ちなみに、こうして成立した姫路城の怪異譚は、後に、宮本武蔵の妖怪退治、泉鏡花の「天守物語」といった空想物語、小説のモチーフとして昇華していくことになる。

## 伝説の端緒は輝政の病気――「天狗の手紙」無気味に出現

こうしてみると、姫路城の怪異譚は、天守の建造当時から広く知られていたものではなくて、江戸中期以降に発祥、流布し始めたものと推測される。十七世紀の『諸国百物語』で、初めて姫路城の〝化け物〟が取り上げられ、以後、鳥山石燕は十八世紀の半ばに「おさかべ」を誕生させ、十九世紀初頭の『甲子夜話』で「姫路のおさかべ」は定着したようである。幕末の『村翁夜話

鳥山石燕の描く「長壁」
（『今昔画図続百鬼』より）

集』はその流れを汲んでいる。

いつの時代でも、怪談話は市中の人気を博していた。怖さ見たさ、虐げられた庶民の怨念、理不尽な仕打ちに対する強烈な反発など、権力への不満の発露として多くの共感を得てきた。どの伝説、創作も、架空の世界ではあるものの、物語創出の発端となる「事実」が、一定程度は存在し、それが脚色され流布するのである。

姫路城の妖怪話は、どうだろう。これにも、当然ルーツがある。『諸国百物語』の「……池田三左衛門どのわづらひの事」で描かれた「祈祷中の美魔女・鬼神の出現」に注目したい。輝政の病と祈祷のことは、まぎれもない事実であるが、美魔女・鬼神の出現は、当時、輝政の祈祷中に起きたとされる霊験奇談を脚色したものである。

この霊験奇談については、次節に詳述することにするが、輝政の病気快癒を祈祷しているさ中、後に「天狗の手紙」「天狗の落とし文」などと称される輝政を呪った怪文書の存在が、突然出現した魔女によって明らかになるのである。後に、その空想話に尾ひれがついて拡散、幾つかの「物語集」にまとめられていく。

いずれにしても、怪異譚の端緒は輝政の病である。これを奇貨として輝政への積年の恨みを晴らそうという一種の空気が醸し出されたのだろう。それを象徴するのが、輝政への警告文――「天狗の手紙」なのである。

## 六千字もの〝怪文書〟——「三左衛門を調伏せん…」輝政への強い怨念

「天狗の手紙」をあらためて見てみよう。六千字にも及ぶ一大長文である。呪いの主体は「大天神」たちで、輝政夫妻らを調伏《ちょうぶく》つまり呪い殺そうとしており、そのために輝政は病にかかったのだと暗示している。天神とは、天神地祇《てんしんちぎ》というように、一般的には「天の神」のことだが、俗に「天狗」のことを指す。

「……よりん坊がな、とうとうミのくにへかへりてな、すなはち、とうとうミくに二九りん坊と申天神がありつるがな、それおす、めてひめしのしろ二三左衛門と申物ありつるか、九りん坊ハ、三左衛門尉とりつきちようふくせんたくミ、又よりん坊ハ、五せん二とりつき、ちようふくせんとたくミ……」（『姫路市史』一四巻資料）

四りん坊という天神が、遠江《とおとうみ》の国に帰り、九りん坊という天神を誘って、姫路の城にいる三左衛門（池田輝政）と、御前（正妻の督姫）に取り憑《つ》いて、二人を調伏、呪い殺そうと企てている——怪文書はまず、そう警告している。九りん坊と四りん坊は、この年（慶長十四年）十二月六日丑の刻から七十五日間、夜昼三度ずつ灼熱の鉄《くろがね》を飲んで輝政調伏の修法を行い、翌年二月一日、姫路城の鬼門である艮《うしとら》（北東）の角より侵入しようとしているが、命が惜しければ、城内に「八《はっ》天塔《てんとう》」という「かたじけなきもの」を建てよ、と脅している。ここは、冒頭の『村翁夜話集』の文意と同じである。

奇妙なことに、ドロドロとした「前文」に続いて、非常に具体的に「八天塔」の由来、効能、複雑な建て方を指南しているのである。「八天塔」とは、インド発祥の八角形をした「塔」で、仏典を守護するという八大竜王がまつられていて、これらの力によって魔王の侵入を防げるのだという。ただ、これはインドに一つ、中国に一つしかない。日本には建築方法と、絵図を表示し

「天狗の手紙」（円満寺蔵）と円満寺本堂

た「巻き物」が、東播磨あるいは兵庫の（大工）「ひわらばん上（日原あるいは檜原番匠）」のもとにあるはずだが、

「天とうあしくハ、此のまき物あるましきそや、天とうかよくは、やかてヽ、あろそや、

以上」

と、結んでいる。

日付は慶長十二年十二月十二日。十二年は十四年のことで、新造の姫路城大天守閣が竣工した二カ月後である。差出は「はりまあるしの太天神とうせん坊」「ミやこ主せんまつ」――播磨及び京の神である〝東禅坊〟と〝千松〟である。「ミやこ主」については「ミやこ二上」つまり「京都二条」と表記した資料もある。宛先は「いけた三左衛門尉殿」「同五せん（御前）さま」「同いはさま」――輝政と督姫、それに輝政の母である。

手紙が最後に強調した「天とう」は「天道」、つまり「ご政道」である。政治が悪ければ巻物は見つからないだろう。そうなれば「八天塔」はできず、輝政らは呪い殺される。政道が良ければそうならない――という。脅迫を伴った輝政への政治批判である。

この文書は、小野市の浄土寺歓喜院と多可町の円満寺に残っている。ほぼ仮名文字の長文で、冗漫な文の運びとたどたどしい筆跡が特徴である。その割には、仏教的教養、建築的知識など専門性も随所にみられるほか、ここぞという力点を置くべき主張には巧みな強調表現も用いられて

いるようだ。そこそこの知識階級の者が、わざと稚拙な表現方法を用いて、怪文書然とさせ、文の出所をカムフラージュしようという意図も見える。いずれにしても、輝政らに対し恨みを抱き、強い怨念を持っているとの表明である。

ただ、怪文書にありがちな、批判対象者を無きものにしようという強い警告にはなっていない。輝政を即座に呪い殺すというのではなく、命を狙う者がいるから、それを阻止するために八天塔を建てよ、という一歩引いた要求を掲げている。無気味さを漂わせつつ、むしろ、親切心を押し付け忠告的ですらある。そこには、輝政という絶対権力者の人格、態度、行動、施政方針等に対し、まず「ノーを突きつけてみる」といういわば〝初期意志表明〟が読み取れるのである。

## 領民の反感を〝代弁〟しただけか？

輝政の強引ともいえる政治手法は、これまでにも述べてきた。姫路城建造に当たり年貢の二割打ち出しのほか、後述するように糞瓸《こえつぼ》にまで課税したという噂（『池田家履歴略記』）もある。農民からの年貢のみならず、都市住民からの運上についても、厳しい取り立てがあったのだろう。これについて『姫路市史』は「……書状（天狗の手紙）は、呪いに近い極めて無気味なものである。あたかも厳しい収奪をうけた領民たちの怨念を代弁し、輝政の時代がいかなる時代であったかをうかがわせる」と、分析している。妥当な解釈で、一般にもそのように理解されてきた。

しかし、この従来の解釈には、疑問の余地もある。輝政への怨念が蔓延していたことは十分推測できるのだが、それならば、怨念のはけ口として、もう少し別の〝事件〟というか、領民の反輝政行動が幾つか顕在化していても不思議ではないが、今のところこれ以外の記録も伝承も見当たらない。

筆者についてはどうか。仮に、広く領民の怨念を代弁して、いわば〝義民〟のような役割を演じようとしたのなら、こんなに回りくどい警告の発し方をしただろうか。第一、その領民の苦しみについては、一言も触れていない。果たして、義民を装った者の手になるものなのだろうか。手紙の背景については、さらに詳しい検証が必要だろう。次節は、そのことについてもう少し考えてみたい。

## 2 輝政呪う「天狗の手紙」──その正体は

### 謎だらけ──手紙の出所を探る

豪壮華麗な姫路城を建ち上げたばかりの池田輝政に対して呪詛の動きがあるという警告的な呪い文。「天狗の手紙」「天狗の落とし文」と称される怪文書には、前節に述べたように多くの謎がある。従来、輝政の強引な年貢増徴に対する領民の怨念の発露だとされていたが、そう推測、断定してしまうと不可解な疑問が数多く浮かび上がってくる。例えば……

①輝政に対する直接的な「脅迫」なのか間接的な「警告」なのか判然としない。
②幼稚な文字の割には専門的な宗教知識が披瀝されている。
③魔除けのために建てよと指示した「八天塔」の説明が異様に詳しい。
④輝政の快癒祈祷の最中に発覚した怪文書の出現過程がいかにも不自然である。
⑤その二年前、城内に落ちていた怪文書がなぜ当時不審がられなかったのか。
⑥そもそも、警備の厳しい城内にそんな怪しげな文書を持ち込むことが可能なのか。
⑦持ち込んだものがいるとしたら、どんな人物か。

⑧輝政を恨む人物、勢力は、年貢に不満を持つ農民の他になかったのだろうか。
――などという疑問である。今回は、これらの疑問を検証し、誰が、何のために書いたのかという最大の謎を探ってみたい。

## 「しどけない」脅迫と警告

「手紙」のおさらいをしておきたい。日付は、慶長十四年十二月。四りん坊、九りん坊という天神（天狗）が、姫路城主池田輝政と、正室督姫に取り憑《つ》いて、二人を調伏、呪い殺そうとしている――という内容だ。それを防ぐためには「鬼門に魔除けの八天塔《はってんとう》を建てよ」という。その〝設計図〟は、政治が悪ければ入手できない。従って塔は建立できないから、輝政らは呪い殺される。政治が良ければ設計図を手に入れることができ、輝政らは救われる――と結んでいる。脅迫を伴った輝政への政治批判である。

この手紙の仕掛人は、領民の声を受けた〝義民的〟な人物の仕業だというのがほぼ定説なのだが、それにしては、その種の文面にみられる「過激性」が希薄で、むしろ穏やかな表現が目に付く。第一、圧政の被害者である農民の困惑について何も語られておらず、輝政を徹底糾弾しようという強い怒りの感情も伝わってこない。魔除けの「八天塔」を建てよというだけで、脅迫なのか警告なのか判然としない。

歓喜院本「天狗の手紙」と歓喜院

謎の二つ目は、手紙の文字面と内容の乖離である。江戸末期に出された「村翁夜話集」には、「天狗の手紙」について「しどけなき文字で」書かれていると記されている。「しまらない、稚拙な文字」という意味である。下手な字で書かれていたのだろう。

この手紙が、小野市の浄土寺塔頭「歓喜院」と、多可町の「円満寺」に残されていることは前節で触れた。巻頭を欠くが、文字数およそ六千、巻物の長さ五メートルを優に超える。内容は、ほぼ同じだ。いずれも、原文書なのか写しなのか、確定しづらいが、円満寺本は全体的にみて達筆の部類であるのに対し、歓喜院本はぎこちない文字が並んでいる。「しどけなき」という表現が正しいのなら、この歓喜院本が原文書だという説も成り立つが、確定する資料はない。円満寺本は〝事務的〟に写したのに対し、歓喜院本は「しどけなさ」を忠実に再現したともいえる。

文の運びも、字体同様「しどけない表現」に終始しているのだが、例えば、長文の中身の大半を費やしている「八天塔」の記述を見ると、その由来、機能、インドからの伝播状況、造り方など、複雑な説明が詳述されており、深い宗教知識がうかがえる。下手な文字面と、濃い中身。このちぐはぐな印象、両者の乖離からは意図的な作為が読み取れる。

## 「手紙」発覚の謎

そもそも、この手紙はどのように発覚したのか。経緯を、あらためて確認しておこう。

慶長十六年（一六一一）十二月、輝政は病を発症した。「中風」とされる。この病気平癒のため、姫路城で大掛かりな護摩祈祷が計画された。円満寺に伝わる「姫路御城魔障《ましょう》殃怪《ようかい》之御祈祷之来由」によると、その年の十二月二十三日、姫路城から同寺の明覚上人のもとへ祈祷依頼の使者が訪れた。播磨の古刹復興に取り組んだ明覚の実績が評価され、指名されたのだろう。強い要請を受けて、翌年二月八日から城中で密教独特の「五壇法」と呼ばれる大規模な祈祷を始めた。

「五壇法」というのは、中央、東、西、南、北に、不動明王、軍荼利明王、降三世明王、大威徳明王、金剛明王という五大明王をそれぞれ勧進する壇を設け、加持祈祷するもので、国家の異変などに対処するためなどに行われる大規模な密教修法である。有力大名とはいえ、個人に対して行うのは極めて珍しく、輝政の威光がどれほどだったかも推測される。

そのさ中の二月十四日に突然、憤怒の表情で魔女（鬼神）が出現した。明覚が一心に祈り続けるうち、九日後の二十三日、再び魔女が現われ「先年、勧告した八天塔をなぜ建てないのか」と厳しく問うた。翌日それを知った家臣が「実は二年前、城内に落ちていた」と差し出したのが「天狗の手紙」である。魔女と問答を繰り返した明覚は「手紙の言うように八天塔の建立」を進言、やがて塔が建てられた。すると輝政の病状は一時的ではあるが快方に向かい、城内の異変は収まったという。この功績で、同寺は寺領などが与えられ、明覚はさらに評価を高め、円満寺中興の祖とあがめられる。

突然の魔女の出現、摩訶不思議、ドラマチックな祈祷空間……。その非現実の世界を誰が〝演出〟したのだろう。手紙の存在と中身を知っていなければ魔女との問答など不可能である。単純に考えると、演出可能なのは現場で指揮を執る明覚だが、直ちに明覚の〝自作自演〟とは決めつけられない。一人芝居なら、自分が犯人だと言っているに等しく、そんな危険を冒すはずはない。でなければ、手紙の存在と中身について、祈祷の依頼者から前もって説明を受け、祈祷の流れを構想していた可能性もありうる。祈祷という〝空想空間〟に、リアリズムの物差しを当てつつ、そう解釈するのがより自然で現実的である。

## 城内へ〝怪文書〟は持ち込めるか

ところで、「手紙」は、祈祷の二年前—日付通りの慶長十四年に城内に落ちていたというが、警護の厳しい城内に、本当に持ち込まれたのだろうか。疑わしいが、仮に城内にあったとすると、恐らく居館の備前丸、あるいは天守閣だっただろう。

城内に持ち込まれたとすると、その経路は①外部の〝犯人〟が直接持ち込む②城内の内通者に依頼して持ち込む③出入り自由の者が持ち込む——の三通りだろう。城内は厳重警備のため①は恐らく不可能だろうから②③のケースが考えられる。

城内に立ち入ることのできる人間は限られている。藩の上級幹部、高名な学者、医師、特別な商人、宗教関係者、幕府関係の要人、お付きの女官などである。怪文書が「落ちていた」とするなら〝落とし主〟はこうした人たちの中にいることになる。

彼らのうちの誰かが、本人の意思、もしくは部外者に頼まれて「手紙」を城内に持ち込んだとしよう。しかし、手紙が落ちていれば誰かが拾う。張り出されていたなら多くが目にする。側近など個人宛に届いていたならその人物が読む。

いずれにしても、輝政はもちろん、姫路藩にとって一大事のはずなのに、この時は不思議なことに誰も、何の対応もしていないことになる。余りにも荒唐無稽な〝脅迫〟なので無視したというのがこれまでの考察である。しかしこれは現実的ではない。ふつうは大騒動になるはずだ。手紙―怪文書は本当に城内に「落とされていた」のだろうか、また慶長十四年十二月という日付もあやしくはないかという疑問さえ生じる。

### 亀山本徳寺との確執

輝政の強引な政治手法に多くの反発が出ていたことは、何度も述べてきた。年貢の二割打ち出し、町人の立ち退き強要、寺社の強制移転などだが、これまであまり注目されなかった〝事件〟がある。最後に、二つの寺院問題を取り上げ、怪文書の背景、差出人のイメージに迫ってみたい。

まず、亀山本徳寺との確執である。これについてみてみよう。『播陽萬寶智恵袋』などによると、播磨の浄土真宗は、姫路の亀山本徳寺が統括し、東本願寺―通称〝お東さん〟の「東派」に属していたが、慶長十四年、第六世教圓の代になり、惣領家・教如と反目、教圓は蟄居を命じられる。教圓はこれを恨み、播磨の末寺をすべて西本願寺―お西さんの「西派」に替えるべく、京を脱出、姫路で輝政に支援を求めた。

一方、輝政の甥で東本願寺の家老・下間重利も、教如に反発し蟄居を命じられていた。輝政は、何度も赦免を求めたが、教如は聞く耳を持たなかったようだ。怒った輝政は、重利を高禄で池田藩の侍大将に任じ、同時に東派であった亀山本徳寺を、飾磨口に関所を設け〝封鎖〟するという強硬手段に出た。時を同じくして、西派への転換を目論む教圓が助けを求めてきたため、輝政は、強制的に播磨のすべての一向宗寺院を「西派」に替えてしまった。教如ら東本願寺、亀山本徳寺や播磨各寺の東派など、輝政は、多くの敵を作ったのである。

ちなみに、教如は、戦国期に織田信長と対立して石山本願寺に籠った一向一揆を指揮した顕如上人の長男だが、顕如が和解に応じたことに反発、徹底抗戦を主張。そのため、顕如は三男の准如を後継とした経緯があり、居場所を失った教如は、後に家康を頼り、本願寺の東西分裂の際、東本願寺に入り門主となっていた。

## 天龍寺鹿王院との対立

輝政の寺院対応で、もう一つ見過ごせないのは、慶長十四―十六年にかけて起きた京都・天竜寺の塔頭「陽春院」をめぐる騒動である。「慶長期における駿府政権の対大名意識―嵯峨天龍寺塔頭陽春院一件を素材にして」（『戦国史研究四二号』鍋本由徳）をもとに事件の概要を見てみよう。

この事件は、天龍寺の塔頭のうち、鹿王院とその支配下にある宝泉院、陽春院の人事紛争をめぐる複雑な前段があるのだが、その後に、天龍寺の庫裏造営のため陽春院の解体材を充てる計画が持ち上がり、そこで輝政との確執が生じることになる。計画通り陽春院は解体されるのだが、人事紛争に敗れた宝泉院の尤首座は意趣返しのように「陽春院は輝政の祖母養徳院殿が建立した（その菩提寺を壊していいのか）」との手紙を幕府側に送り付けたのである。しかし、鹿王院など天竜寺の有力塔頭は、陽春院と池田家との縁について全く認識がなく、尤首座の主張を無視しにかかったようだ。

輝政は、これに立腹した。すぐに陽春院とのかかわりについて調査を求めるのだが、池田家との縁を決定づける資料は見つからない。かといって幕府や仲介者は有力大名池田家を敵に回したくない。池田の威勢は、輝政のわずか九歳の三男忠雄が、浅野家との〝争奪戦〟を制し淡路を領有したことにも現れている。その決定時、ライバルの浅野幸長を差し置いて「淡路をしてやったり」と家臣が叫んだ（『池田家履歴略記』）というほど〝傍若無人〟の振る舞いも目立ち、池田の威勢は天下を圧していた。輝政の無理筋を承知の上〝幕府筋〟は「知らぬ」といった鹿王院の主張を曲事《くせごと》（非法）と決める。

その結果、鹿王院周渭の離山（強制退任）、鹿王院所有山林の闕所（没収）という厳しい処置が下された。解体された陽春院は輝政の意向もあってか、すんなりと再建されたのだが、離山を強いられた周渭は、南禅寺の金地院崇伝を頼ったものの、ほぼ門前払いという厳しい現実を受け入れざるを得なかった。

## 各地に「反輝政勢力」

こうしてみると慶長十四―十六年にかけ、「反輝政感情」を持つ勢力が、各地に存在したことが分かる。「手紙」は、こうした反感土壌の中で書かれたとみていい。

手紙については従来、重税に苦しむ領民の反発説のほかに、築城によって立ち退かされた姫山の地主神の怨念説などがある。もっともな説だが、今一つ腑に落ちないのは、漠然とした怒り、神の怨念などという抽象性にある。具体的な重税批判や〝地主神の主張〟も読み取れないし、呪詛すると脅すが、八天塔を建てればよいといった〝優しい警告〟で、その主張に見合うほど強烈な脅しになってはいない。

また、意思表明の手段としては、城下に張り出すのが普通で、効果的だ。内通者がいたなら別だが、厳重警備の城内に、危険を冒して落としたりはしない。

重ねて、この手紙の趣旨を考えてみよう。幼稚な字で例えば「百姓」を装いつつ、高度な専門的知識を駆使して、傲慢が過ぎる輝政に「八天塔」という〝小道具〟を使って善政を迫っているのである。「脅しという仮面」をかぶった警告文である。空想的な〝魔界の事件〟ではなく、極めて現実的な〝政治的事件〟とみるべきだろう。脅迫・警告者は、発病を奇貨として、輝政政治、あるいはその存在に「ノー」を突きつけ、あわよくば〝追い落とし〟にまでつなげようとしているのではないか。

## 中心に京の宗教勢力が…

輝政の発病前後（慶長十四—十六年）に、反輝政感情を持った組織、人物をあらためて挙げてみよう。①亀山本徳寺の〝西派強制〟に反発する東本願寺の教如とその勢力②陽春院に関し難癖をつけられた天龍寺③輝政に反論した天龍寺諸塔頭④離山を強制された鹿王院周渭——などのほか⑤淡路をとられた浅野家中⑥輝政の巨大化を懸念する幕府勢力等も挙げられよう。

このうち、京の宗教勢力に注目したい。「手紙」の最後には差出人の名があり「はりまあるし（播磨主）の太天神とうせん坊（東禅坊）」「みやこ二上せんまつ（千松）」と記されている。播磨の天神（天狗）と、なぜか都（京）の天神が、共同で輝政に「善政」を迫っているのである。地元・播磨と、宗教センター・京都という二カ所の勢力、あるいは人物が浮かんでくる。こうした反輝政感情を持つ人物が、個人的に、あるいは密かに連携しつつ、播磨での宗教人脈を通じて手紙を城内に持ち込み、家臣の手に届けた。そんな経緯を考えてみたい。

ちなみに「二上」は京都二条。幕府の拠点「二条城」がある。その二条通を真西へずっと進むと鹿王院、その先に天龍寺がある。「二条」を名乗るのは、幕府の関与もほのめかしているようでもある。「百万石の輝政」が、幕府基盤がまだ十分に確立していないこの時期、名実ともに「西国将軍」になるのを恐れ、その前にたたいておこうという思惑も透けて見えないか。こうした勢力と手を組んだ姫路城内における「反主流派」の暗躍もあり得ぬことではない。

「天狗の手紙」は明らかに政治的事件であると考えたい。政治的リアリズムの中で〝摩訶不思議な出来事〟を装って生じた騒動だろう。個人の〝犯行〟か、もっと広く多角的に形成された〝輝政包囲網〟の仕業か、一連の動きに明覚が絡んでいたかどうか、何とも言えないが、強大化する輝政の力を削いでおきたいという極めて政治的な目的と、感情的な輝政への反感がもたらした事件であることは確かである。

ただ、自ら〝犯人〟だとは名乗れない。ちょうど、年貢増強に不満を募らせる農民がいる。輝政も病に罹《かか》った。一気に追い詰めたい――反輝政勢力ならこの状況に乗じて、動き出すだろう。百姓の姿を装い、増長を戒める――これが「天狗の手紙」となって発信された。文面、発覚経緯、輝政の宗門対応など、現実的、総合的に検証すると、こんな結論へとつながる。むろん、裏を返せば、西国将軍・池田輝政の権勢が、幕府も気に掛けるほどに増大していたということである。

## 3 「言行録」に見る思想と野望

### 「運のいい奴よ…」

「運のいい奴《やつ》よのう。三左衛門は」

関ヶ原合戦の後、流刑となって八丈島に送られていた西軍の将・宇喜多秀家が、同島に流れ着いた漂着者に、どこの出身かと聞き、池田家中の者であることを知った後、しみじみこう話したという（近藤富蔵『八丈実記』一八四八―五六）。

秀家のこの言葉は、一族で百万石の太守となった池田輝政の人物像を「運」というシンプルな表現で見事に表現した「うわさ話」としてよく知られている。意図するしないにかかわらず、うまく時流に乗り「運」をつかんだという印象が、輝政にはある。

確かに輝政のように、織田信長、羽柴（豊臣）秀吉、徳川家康という三傑、いわば戦国主流派に等しく付き従った武将は、そう多くない。戦国の世を、巧妙に乗り切ったということもできる。むろん、輝政の場合は、打算もなくはないだろうが、そんなことを感じさせないほど自然体でやり遂げているように見える。中国大返しから山崎合戦を経て、小牧・長久手合戦、小田原攻め、会津・上杉征討とそれに続く関ヶ原合戦に至る節目節目での的確な判断と立ち位置の決断。その度ごと時流を読み、上昇気流に乗った。

二男として家督を継げたこと。家康の娘婿となったこと。干戈《かんか》を交えることなく関ヶ原本戦の勝ち馬に乗ったこと……。確かに輝政は幸運といっていい人生を過ごしているが、単に〝ラッキー〟というだけではない。節目での艱難辛苦は、当然あった。その苦闘の中から、歴史の流れをつかみつつ行動を決め、「運」をつかんだのだ。そして恐らく、運の先に何らかの期するところもあったと思われる。風聞の類も交えて、輝政の期するところへ分け入ってみたい。

## 多くないエピソード

戦国主流派にうまく乗ったとみられる輝政だが、実は、輝政が選択した「主家」が戦国の主流派になったという見方もできる。むしろその方が合理的だ。その結果、自ら時代や運命を切り開くという、いわば革命的行動を起こすことなく前進できたのだろう。それが多くの戦国英雄の持つ破天荒な武勇伝の持ち主になったり、悲劇の主人公になる機会を失わせ、後世に語り継がれる強烈なエピソードを残すことができなかった理由だともいえる。

エピソードの少なさは、何とも寂しい限りだ。例えば、作家の関心を呼ぶような強烈な思想や行動はあるか、物語の主人公としてふさわしいエピソードはあるのか、などと問われると、答えは難しい。歴史の観覧者からすると、輝政という時代を画したはずの人物の影が舞台上で急に薄くなってしまう訳だ。

しかし、よく考えてみると、輝政には、わが国初の世界文化遺産となる姫路城という歴史的レガシーを残したかけがえのない功績がある。「運」とか、希薄なエピソードといったマイナス評価はさておき、輝政の人物像についてあらためて見直すことが必要だ。あまり語られていないエピソードの中から、新しい輝政像を探ってみたい。以下、『池田家履歴略記』『名将言行録』などで語られている逸話を紹介したいが、その中にこそ、一大レガシー「世界の姫路城」を創造したエネルギーが潜んでいるかもしれない。

## 後藤又兵衛を養う

後藤又兵衛は播磨の武将である。姫路の黒田家に仕え、官兵衛のもとで武功を挙げた。黒田二十四騎、黒田八虎の一人に挙げられる猛者である。黒田長政が筑前五十二万石の太守となった後、六端城《ろくはじろ》の一つ大隈城《おおくま》（益富城《ますとみ》）一万六千石を預かったが、細川氏ら隣接藩主との交流をとがめられ、追放された。慶長十一年（一六〇六）、長政から「奉公構《ほうこうかまい》」という切腹に次ぐ厳しい処分を受けていたため、諸侯が召し抱えを躊躇《ちゅうちょ》する中、輝政は、故郷に帰ってきた又兵衛の面倒を見たという。

又兵衛は、大坂の陣が勃発すると、豊臣秀頼を守護すべく大坂にはせ参じる。大坂五人衆の一人として徳川勢に果敢に抵抗するのだが、こうした人物を、大坂をけん制するはずの「西国将軍」が受け入れていることにも留意しておきたい。

時期はいまひとつはっきりしないが、又兵衛が大坂に出向くにあたり、姫路の鋳物師総領家・芥田氏の邸宅で送別の宴が開かれた。宴席の参加者は「つはもの（強者）のまじはり……」という謡曲「羅生門」の有名な出陣の一節をうたったところ、又兵衛は「つはもののまじはり……」とうたってくれ、と頼んだ。「の」と「も」の違いで又兵衛の存在感に違いが出る。その場の人々は、さかんに興を覚えたというが、「大坂びいき」の空気が、この酒宴に漂っている。その雰囲気は、輝政時代から続く姫路城下の雰囲気であったかもしれない。

後藤又兵衛（部分「黒田二十四騎画帖」より。福岡市博物館蔵）画像提供：福岡市博物館／DNPartcom

何度も紹介したが、『池田家履歴略記』などによると、巷間「三左衛門（輝政）が姫路にいる限り、大坂の豊臣は攻められないだろう」という「うわさ」が流れていたという。現に、その死後、大坂城は攻め落とされた。家康の娘婿ではあるが、輝政は、もとはといえば豊臣恩顧の大名である。西国と大坂を監視するためという名目で姫路に配された輝政だが、西国に対しては、例えば、又兵衛の召し抱えによる黒田氏へのけん制など厳しく対処しようとする姿勢も見える。一方大坂に対しては、監視のための厳しくハードな対応なのか、事が起きないようにするソフトな対応なのか、よく分からないところがある。「三左衛門がいる限り……」というのは、そのあたりの核心を突いたうわさなのであろう。又兵衛養育など、微妙な行動の裏には、時代の本質を探ろうとする迷いを交えた輝政の本心も読み取れる。

## 倹約を徹底し兵を養う

又兵衛のエピソードに似た話だが、同じく『池田家履歴略記』にこんな記述がある。

「国清公、寵臣若原右京・中村主殿に命じ、諸国浪人武名才気ある者に、或いは米穀或いは金銀を与え扶助せらるる者数百人に及ぶ。然れどもその米穀金銀の出納を問わず。これもし大坂に変あらば関東の御出馬をも待たず、三国の兵士に浪人を加え自ら督し、独りこれにあたり関東の恩遇を謝せんが為、殊に忠を致さんと思し召さるるなるべし。されば一人にても養育せんと志し第一にし給えば婦女の愛する器物の玩弄を禁じ、倹約を貴びらるること二、三万の領主にひとし……自分の娯楽をやめて財を武備に用ゆるとぞ仰せける」
輝政は、部下に命じて全国から武芸に優れた浪人など数百人を集めていた。彼らの養育には多額の金品を要したのだが、台所事情など一向に構っていない。それは、もし、大坂の豊臣氏に反徳川行動の異変があれば、家康の出馬を待たずに播磨・備前・淡路三国の兵に、雇った浪人を加えて出陣し、池田単独で鎮圧するべく準備を進めていたというのである。浪人への惜しげもない出費は、そのためであったという。台所事情など構うな、と言う一方で婦女の愛玩物には購入禁止などの厳しい処置をとり倹約を強いていた。倹約ぶりは百万石の太守などではなく、あたかも二、三万石の小領主の振る舞いのように見えるが、それは、娯楽を慎み、財を武備に集中させるためだ、といっていたという。

江戸中期以降に書かれた多くの大名家の家譜には、徳川家に関する記述に〝作為〟があるとされる。大名家と徳川家の間で完全な主従関係が成立したことを踏まえて、『黒田家譜』などが例にあげられるが、都合の悪い部分を書き換えているという指摘がある。『池田家履歴略記』についても、恐らくその傾向はあるだろうし、そうした観点から「大坂に異変があれば真っ先に出陣して鎮圧する」という部分を読んでみると、確かに違和感もある。又兵衛を養育した当時の空気と比べると、池田家と大坂の関係をことさら冷たく突き放しているのが印象的だ。実態は、その逆かもしれないという疑いすらも残る。輝政と家康が対決するなど、あり得ないだろうが、心の内は分からない。

## 「槍」の先に天下が…

続いて『姫路城史』に載っているエピソードを紹介しよう。輝政と、福島正則の話である。

二人は同じ豊臣恩顧の大名で、反石田三成で結束してはいたが、あまり仲は良くない。関ヶ原の前哨戦となった岐阜城攻めの際、先陣争いや、攻撃ルートを巡る口論で一触即発となったことは以前紹介した。しかし一方で、好き放題の会話を交わしていたというから気の置けない関係でもあったのだろう。

その正則が、輝政や加藤清正らとともに、江戸城に続いて名古屋城築城に駆り出された時のこと。天下普請とはいえ、幕府の江戸城や大御所・家康の駿府城は致し方ないが、家康の庶子の居城である名古屋城にまで労力奉仕させられるのはたまらない、と正則は言って、輝政に「お前は大御所の愛婿だから我等のためにこの事を愁訴しろ」と迫った。家康に言い寄ることは、謀反《むほん》にも等しい。輝政は即座に返答できない。内心そう思っていたかもしれないが、側にいた加藤清正が「普請に加勢するのを拒むなら、すぐに国へ帰って謀反を起こせばいい。謀反できなければ、大御所の下知に従え」と、問答を買って出て、まぜっかえした。輝政も正則も、笑って役目に当たったという。慶長十五年（一六一〇）のことというが、まだ、こんな際どい会話が交わされていた。

少し、品のない話だが、ある時、正則が輝政に対して、こんなことを言ったという。「お主（輝政）が大国の領主となったのはひとえに（督姫を娶り）大御所の婿になったからだろう。我等は、（本物の）槍先《やりさき》で今の国を取った。（お前のように一物の）槍先で取ったものとは格段に違う」。

輝政が、笑いながら答える。「いかにも。（播磨は、一物という）別の槍先で取った。もし（本物の）槍先をもってすれば天下を取ることになるので、それは用いなかった」。

これも、天下に言及して際どい話である。輝政の深層心理の一端に触れたような気がする。

## 「伏見百万石」の話

輝政と天下をめぐるエピソードをもう一つ。

時代は前後するが、関ヶ原直後のことらしい。家康は、新しく開いた江戸幕府を防衛すべく絶妙の大名配置を行った。すなわち、北方からの脅威には、北関東に中小大名を連続配置、西方に対しては播磨・姫路を軸に池田家による防衛ゾーンを、そして大坂に対しては、周辺を包囲して封じ込めた。この最終形に至るまでは、様々な構想が浮かんでは消えていたと思われる。そのうちの一つだろうか。輝政に、伏見を与えようとした形跡があるというのである。

「国府夜話」という書物を引用して『姫路城史』に、家康が輝政に伏見を与えようとした節があるとの「余話」を載せている。

慶長十五年二月二十三日のことという。この日、輝政は、家康の駿府城に居て、九歳の第三子・忠雄に淡路六万石を与えるという下命を受けた。その七年前には六歳だった第二子・忠継に備前二十八万石を与えられているから、検地後の播磨約六十二万石を合わせ、ほぼ百万石に達する厚遇を受けることになる。忠雄六万石の報に池田家の家士が、〝増長気味〟に「淡路をしてやったり」と叫び、顰蹙《ひんしゅく》を買いそうになったエピソードはよく知られているのだが、このとき家康は、同時に輝政に対し伏見を追加加増しようとしていたといわれる。

伏見城模擬天守と小天守

伏見城は、家康、秀忠が将軍宣下を受けたところで、徳川家にとっては別格の城であった。大坂城とも近接しているこの城を輝政に守らせようとしたのだろう。事実なら、家康の輝政に対する信頼がことのほか厚かった証左になる。むろん、輝政に力もあった訳だ。しかし、さすがにこれだけは家康一存では決めかねたのか、それとなく側近を通じて秀忠に思いを伝えようとしたらしい。この重要情報を漏れ聞いた秀忠は、こう言ったと伝わっている。

「大御所の思し召し次第ではあるが、輝政に百万石と伏見を与えるならいっそ、輝政に天下をお譲りになるのがよろしかろう。手前はさらさら天下に望みはない」と。

秀忠の〝拗《す》ねた〟感情がよく伝わっている。家康・秀忠父子の、輝政に対する評価とそれに伴う処遇には大きな差異があったということだろう。前節の「天狗の手紙」で、秀忠の幕府が関与していたかもしれないと推測したのは、考えすぎかもしれないが、こんな背景も見た上のことである。

結局、家康は、忠雄に淡路を与えたその日、伏見の「ふ」の字も口にしなかったのだが輝政と天下を結ぶ糸は、当時、相当太いものであったのかもしれない。

## 「矮舞」で見せた「胆力」

輝政に、天下への野心があったのかなかったのか、はっきりとは分からない。そのことについては明確に語っている資料はないが、ただ、生前の逸話、後になって作られたエピソードなどからは〝大志〟の片鱗がちらついている。それだけ輝政の存在が大きくなり、自身も多くの実績を踏まえ強い自信も芽生えていたかもしれない。『名将言行録』には、輝政の胆力について、こう記している。

「父信輝（恒興）囲炉裏にて自ら栗を焼いて食し居たりし時、古新（輝政）十歳計りにて側に在りしが、信輝試みんとて、この栗欲しきやと言いければ、欲しく候と言ふ。信輝則ち火箸にて、火の中なる焼栗を取り出し、其の儘差出しけるを、古新、手に受けて押戴き何気なき体にて食しけり」

胆力を試そうとした父は、その剛毅な一面を確かに感じ取ったことであろう。

これも『名将言行録』などに載っている輝政の短躯についての話。「体躯矮小《たいくわいしょう》なれど、満身これ肝《きも》」などと言われたらしい。短躯への揶揄もあったようだが、輝政は一向に気にせず、それを逆手にとっている。

諸侯の居並ぶ酒宴の席。輝政の短躯を嗤う声を耳にした輝政は「ならば、吾等矮舞という新曲を舞おう。せいひく（背低）舞を見よ」といいざま、自ら囃しながら舞い始めた。「播磨、備前、淡路と三箇国のぬしなれば、せいほしとも思わず」と扇を開いて手振りおかしく歌い舞ったという。〝大名の中の大名〟と言わんばかりの即興芸。同席の諸侯を圧する強い自信に満ちあふれたものだったようだ。

## 「運」も実力のうち

池田家中でも「天下を」との声があったようだ。家臣の日記などに「このように殿（輝政）の全盛が続けば、追っ付け、天下は御前のものに、といったところ、殿からこっぴどく叱られた」と書き残しているという。

また、輝政の死に当たり家康がこう言ったと伝わる。「死んだか。不憫なことをした。だいたい愛宕などせせって、天下は取れるものじゃない」と。城下に社を建て愛宕信仰にうつつを抜かしていたという輝政を揶揄する一方、あるいは「発展途上の器」としてこんな微妙な評価を下したのかもしれない。この逸話は、輝政の振る舞いや世間の評価について、家康も気にしていたことをうかがわせる。輝政の動向は、それだけ注目されていたのである。

宇喜多秀家のいう「運」も、輝政にとっては「実力のうち」であったのだろう。その実力の総仕上げが「人類の創造的才能を示す傑作」（ユネスコ世界遺産条項）として日本初の世界文化遺産に登録された姫路城の築城であったのはいうまでもない。

## 4　市之郷で荼毘、備前に眠る

### 「糞尿課税」に立腹したが…

逸話をもう少し続ける。

多くの大名と同じく池田輝政にも、世間話の相手をする「お噺《はなし》の衆」というのがいた。中でも寵愛されたのが、雲徹兄弟だった。『池田家履歴略記』にこんな話がある。

ある時、姫路に帰った輝政が、京都より下向した雲徹に「都での我が評判はどうか」と尋ねたところ、雲徹はこう答えた。

「三左衛門（輝政）はあまり取ろう物がなく、糞甀《こえつぼ》の運上まで取り申さるると沙汰せし候由申しける」。

築城や城下町造成のため、輝政は年貢の二割打ち出しをはじめ、諸事に税をかけた。取る物がなくなったので、ついには糞尿にまで運送上納、つまり税を取るよう命じたと、京で評判になっているというのだ。

これを聞いた輝政は「以ての外」と腹を立て、憮然として寝所に消えた。その憤慨ぶりに雲徹は、余計な事を云ったと思い、切腹をも覚悟したという。

あくる日、輝政はまた雲徹を呼び寄せた。覚悟を決め出仕した雲徹に、輝政は晴れ晴れとした顔でこういった。

「昨日は能《よ》く我知らぬ事申せしなり。薄田左馬介が申し付けて運上取りしと聞く。爾来はきっと止めよと令すべし。幾度も為に成る事は申せ」と。

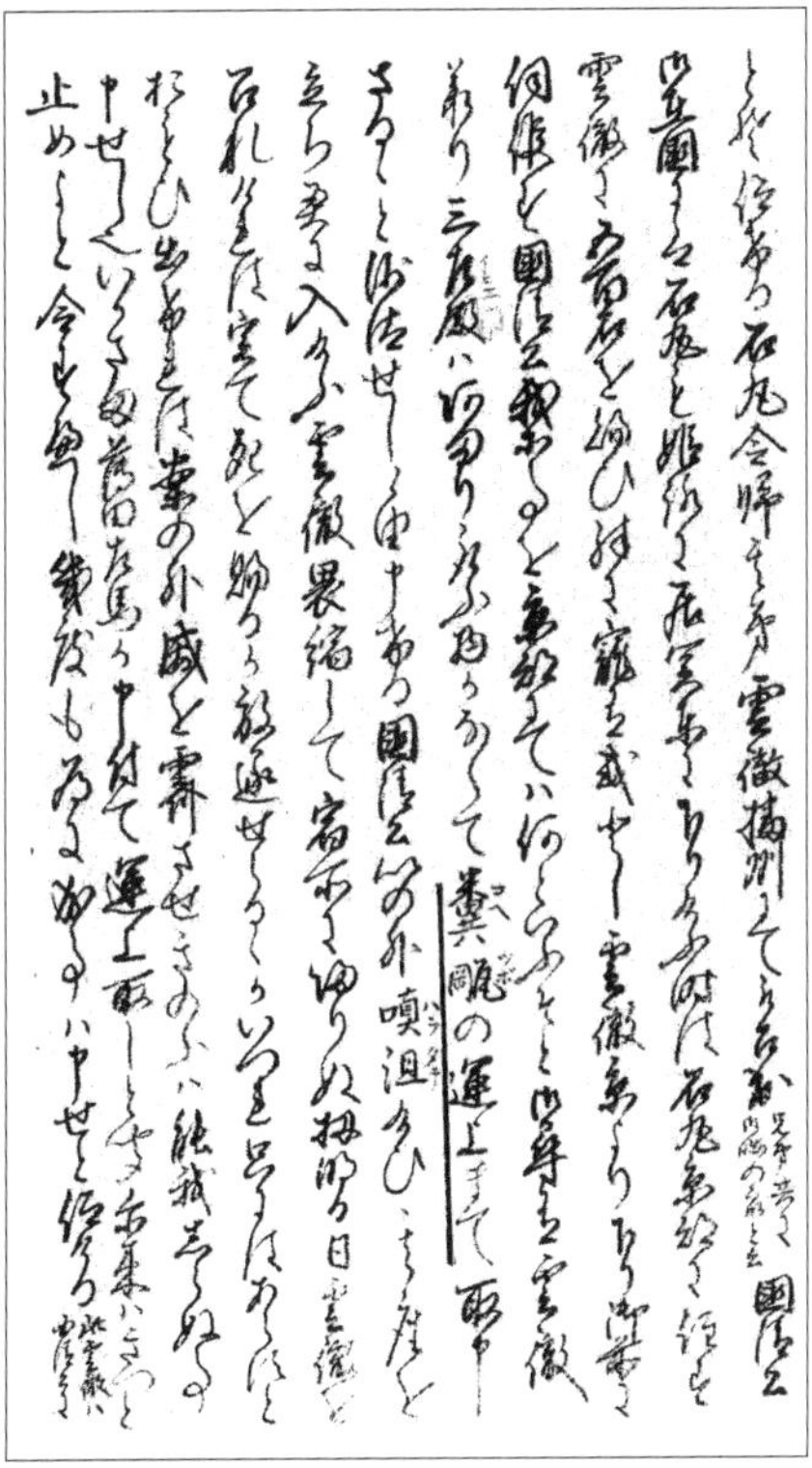

『池田家履歴略記』糞尿課税（左線部）の記述

切腹覚悟の雲徹に「糞尿課税は止めさせた、今後もためになる話をせよ」と言って、謝意を表したのである。

部下の諫言をしっかりと受け止めるという、輝政の柔軟性と、熟慮して真偽の判定を下すという慎重さを物語る話である。

**争いを避ける**

同じく『略記』慶長十二年（一六〇七）のエピソード。

徳川家康が駿府城に移るに際し、池田家は江戸からの荷物を清水港に運ぶ役目を仰せつかった。池田の船が清水港に入った時、突然、薩摩藩島津家の家士が船中に押し入り、水夫四、五人にけがを負わせるという事件が起きた。池田の船奉行、菅小左衛門は、仕返しのため島津の船中に乗り込み、四、五人を斬殺、奉行の一人を船梁に縛り付け、自分の名を名乗って立ち去った。

非は、最初に手出しした島津側にある。小左衛門への厳罰はないと思われていたが、幕府の裁きは意外にも「喧嘩両成敗」。西国の雄・島津家と、家康の娘婿・池田家をどう裁くか、苦慮した結果であった。池田家中は収まらなかったが、輝政の判断は意外にも幕府の裁きを受け小左衛門を切腹させたのである。

輝政は、争いを避けたかったのだろう。大名同士の小競り合いは大きな火種になる。ようやく平穏になりかけた世を、再び混乱させたくない。無念を承知で切腹を容認したのだが、同時に輝政は、菅家を後々までも盛り立てよ、と指示。その子には三歳ながら家を継がせ、菅家は長らく池田家中で重用された。

犠牲以上の厚遇を与えることで家中の不信感を払しょくし混乱を回避するとともに、天下の安定を企図したのである。過去の古い出来事をひきずらず、といって無視することもなく新しい局面を開いていく——。幼名・古新を体現したような輝政の政治姿勢が読み取れる。

## 家臣の非をかばう

これは『名将言行録』などに収録された逸話である。

ある家臣が寝ている間に刀脇差しを盗まれた。武士の魂を盗まれるとは……と、家中の嘲笑を受け、当の家臣は職を辞そうとする。これを聞いた輝政は、家臣を呼び、その非をとがめた上、こんな趣旨のことを言った。

「佐藤忠信を知っておろう。窮地に陥った源義経の囮《おとり》となって奮戦し、主人を落ち延びさせた無双の忠臣だ。その忠信ほどの者でも、後に酩酊して太刀を奪われ（兄・頼朝方の）六波羅に打ち取られてしまった、という故事がある。それでも忠信の武勇に傷がつくことはない。そんなことも知らずに嘲るものがあるなら、探し出してきつく叱りおく。盗まれたことを忘れず、それ以上の奉公に励め」。甘すぎるほどの温情だが、輝政の本心でもあろうか。

五千石の高禄を食む土肥周防という武功の者がいた。ある夜、領内の印南野で、暗闇から飛び出してきた不審者に左の股を斬られ、落馬してしまった。賊は一太刀浴びせただけでそのまま闇に消えたが、「周防ともあろう者が」と謗《そし》る声が上がった。そんな非難を、輝政は強く諫《いさ》めた。

輝政の理屈は、こうである。もし、周防の命を狙ったのであれば、一太刀浴びせただけで逃げはしない。さらに二の太刀と襲い掛かるはずだ。足を怪我した相手なら、白昼でも優位に立てるし、まして闇夜なら賊にとって止めを差すのはた易い。なのに、なぜ二の太刀を浴びせなかったのか。もし、周防が並みの武士なら、恐れもせずさらに切りつけただろうが、彼の威に圧せられ目的を遂げぬまま逃走したのだ。相手の太刀さばきを予測するのは武道の理である。（それを賊は心得ていたのだろうが）周防を嘲笑する家中の者は、その理を学んでおらぬ、道理を誤ってはならない……と説いたという。これで家中の誹謗はぴたりとやんだ。

いずれも、武士としてあってはならないことだが、輝政はかばっている。

歴戦の将である輝政は、部下の一時の失敗をしばしば目にしている。それを乗り越えた者が、さらに抜群の働きをし、それが〝家臣力〟を強化していることも知っている。輝政の処置は、そんな家中向けの狙いも含まれているが、同時に、過去の負の出来事に、故事や武道の本質といった付加価値をつけて、新しい価値を創り出そうという自身の価値観を強く見せつけている逸話である。

## 旧きを改むるだけでは

これも『名将言行録』から。

輝政の居間には、いつも水筒が常備されていたらしい。昔ながらの竹製だったようで、時を経るにつれ次々と壊れた。見かねたお側衆が「世上では水筒を銅で作ることがはやっている。壊れないから倹約にもなる」と進言した。これに対して輝政の返答。

「後の為めにはなるべけれども、今費やす所は大いに相違あるべし、何事も世につれて旧《ふる》きを改むるは善からぬことなり」

将来への投資よりも今の経費を抑えるほうが得策だと言っている。目前の経費を始末する単るケチのように見えるが、たかが水筒一つを銅製に変えるぐらい、どれほどの節約になろうか。輝政の言いたかったのは、旧きを改めるばかりが能でない、旧いという理由で、すべて流行のものに変えるのはどうか、と疑問を呈している。まずは古さの中に潜む価値を認め、そのうえで新しいものへと切り替えていく。「古新」の思いであろう。

## 「現実路線」貫いた結果が…

輝政には、戦国武将に多く見られる〝武勇伝〟がほとんどない。戦国武勇伝の多くは、いわば革命的な言動によってつくられている。先の見えない時代には、何が正義か、何が道理か、といった常識的な思考だけでは時代を切り開いては行けない。時には破壊的な行動力がいる。強力な自己主張を貫いた者が新時代の覇者となった。そんな時代にあって輝政は、独自の個性を披瀝したことはあまりない。少年時代は信長に、青年期には秀吉に、壮年期にかけては家康に従った。戦国の三巨頭に密着し主流派の潮流にうまく乗ったように見える。

前節で触れた「運のいい奴」という評判もあるが、それは多くの戦国武将らの羨望を込めた評価でもある。自ら進んでそうした立場を選んだのか、自然とそうなったか、そうなるように仕向けられたのか。いずれにしても、思考の柔軟性がなければそうはならない。輝政の行動を見ていると、目前の状況に臨機応変に対応していることがよく分る。例えば、小牧・長久手合戦で父と兄を失った際。秀吉から家康の娘・督姫を娶れとの命を受けた時。家康に臣従し会津攻撃に参加した折。反三成の東軍を結成した小山評定。いずれの時も、いま自分を取り巻く状況、自身が置かれている環境を即座に理解、判断し、行動して新しい局面を切り開いている。これは至難の業だ。一見、強きにすり寄るという単純な行動のようにも見えるが、そうではない。関ヶ原合戦で東軍勝利の導火線に火をつけたように、大胆、緻密で、数歩先を見据えての思考が、輝政の行動を突き動かしている。その結果として勝ち馬に乗るという運をも自らつかんだのだ。

輝政の、こうした言動を貫いているのが、現実志向である。混沌とした戦国期においては、非常識と思われるラディカルな思考が新時代を切り開くのだが、混乱が収束に向かうときには、ラディカルよりもリアリズム、つまり、すべてを変える革命より、過去を踏襲しつつ新しい時代を作る、そういう保守主義的な現実路線が重きをなす。そんな「古新の思想」こそが、江戸という新時代の潮流となりうる。関ヶ原までは優柔不断のように思えた言動だが、ポスト関ヶ原、すなわち武器を捨てる〝偃武《えんぶ》の時代〟になると、混乱を避けるための現実的な柔軟思考が台頭する。まさに、輝政の時代になったといっていい。

しかし、この古新の思想は、いかにも常識的で地味である。輝政に大向こうをうならせるエピソードがなく、その人物像が、歴史的に希薄なものになっていくのは致し方ないことかもしれない。

### レガシーの再評価を

輝政の評価には、こうした影があるのは事実なのだが、一方で、忘れてはならないのが日本初の世界文化遺産・姫路城の建造という国際的な文化貢献である。羽柴秀吉の三重の姫路城を取り壊し、豪壮華麗な新しい城郭を建ち上げた。一見、秀吉政治を否定しているように見えるが、実は、輝政の姫路城は、秀吉の城郭の上に成り立っているともいえる。至る所で秀吉時代の痕跡を残していることは周知の事実だ。しかも、姫路・播磨に配された輝政の使命は、西国防衛と大坂の監視とされるが、巷間「三左衛門がいる限り大坂は攻められない」との風聞がまことしやかにささやかれていたことなどから、大坂の豊臣勢に対しては監視のような、警護のような、両義性を持った立ち位置にいたのではないかと推測される。古新・輝政ならではのポジションと言えるだろう。だからこそ、幕府の「西の守護神」として、西国全域にも睨みが利いた。

姫路城の建造技術についても、古新の思想が顕著である。姫路城天守は「後期望楼型」と呼ばれる。一気に五重の大天守閣を建ち上げる技術がなかったため、従来の望楼型、つまり二―三重の入母屋の上に望楼を載せるという古い様式を踏襲している。しかし古い中でも、最新の技術を駆使して五重の大天守を建ち上げ、それを三つの小天守でつないだ。そのことが、他に追随を許さない独特の連立天守群を作り上げ、世界に冠たる姫路城を創造したのである。戦国武将としての突出した評価は得にくいが、西国将軍としての歴史的役割、姫路・播磨への地域貢献、そして何より国際的な文化貢献を成し遂げたことなど、あらためてそのレガシーの価値を認識しなければならない。戦国武将的エピソードの希薄さなど、輝政の業績評価上、取るに足らないことである。

## 「西国の将軍」威勢比類なく

白い城の主として姫路にあった輝政だが、慶長十八年（一六一三）一月二十五日、持病の中風が再発、帰らぬ人となった。享年五十歳。法名は国清院殿泰叟玄高大居士。

「国清公ついに正月二十五日播州姫路の城に薨去也。春秋五十歳。公は備・播・淡三州を統領し、神君の壻《むこ》にて渡らせ給えば、威勢肩を比《なら》ぶ人なく、当時西国の将軍と申すほどの御事なりき」と『略記』は、輝政の西国将軍としての存在を初めてこう伝えている。

死亡日時を二十四日にするもの、死因を中風でないとするものなど様々な見解がある。しかし、二十四日は『駿府記』などによると中風が再発し倒れた日で、死亡したのは『池田系譜』『寛政重修諸家譜』などが記すその翌日、二十五日とするのが自然である。死因については、池田、本多のあとに姫路城主を継いだ松平（奥平）忠明の著とされる『当代記』にこんな記述がある。

「……正月二十五日播磨之三左衛門尉死去、昨日従俄発病吐血……」

血を吐いて死んだ、と記している。中風は普通、吐血を伴わない。血を吐くのは毒物のせいだということになる。江戸幕府との微妙な力関係を背景にした「輝政毒殺説」はここから発している。ドラマチックで興味深く、それなりの説得力はあるものの、なお情報不足である。

## 姫路―京都―備前へ改葬

亡くなった輝政の遺体は、ひとまず飾東郡中市之郷で荼毘《だび》に付された。「……播州中市之郷村神谷の北に松のむらむらと生えたる所ありて、国清公の御墓地という。貞享年中（一六八四―八八）より御着村寺社明細帳に載す。されば……ひとまずこの地に葬り奉りてその後京都へ御柩《ひつぎ》を上らせしや」（『略記』）

「松のむらむら……」とあるのは『播州諸所随筆』の引用だろうか。この輝政荼毘の地は、墓所としての扱いを受けていたらしく、『略記』は、その後の本多、榊原、松平各姫路藩主が、管理者である御着村の（天川）久兵衛あてに発給した「除地」（地租免除の地）を認める証文三通も引用している。いずれも「池田三左衛門殿御廟所庵室建て候に付、境内絵図の通り除き置き候。然るうえは四壁竹木全て自由可為《たるべき》ものなり」と優遇処置を講じている。

廟所の規模も記されており、「松の木五十本、根回り三―七尺。境内の東二十五間、西二十六間半、北二十二間二尺、南二十二間。西堀幅二間、北堀幅一間、南堀二間」だったという。松の巨木が生い茂り、西・北・南三方に堀を伴っていた。東は市川支流の流れもあり、堀は不要だったか、あるいはそこから堀の水を引いたかもしれない。いずれにせよ、大まかに五十メートル四方、相当な規模を有する〝廟所〟だったようだ。

ＪＲ東姫路駅から姫路警察、旧国鉄貨物ヤード跡地にかけてのあたりが市之郷なので、廟所はこの一角にあったのだろうが、現在、その痕跡を伝えるものは何も残っていない。

荼毘に付された輝政の遺骨は、城下山野井男山の龍峯寺に埋葬された。龍峯寺は、輝政が深く帰依していた美濃国・大宝寺の菊潭和尚を招き、自ら開山した寺で、埋葬時に寺名を法名にちなみ国清寺と改めた。現在は不動院となっている。

さらにその後、遺骨は龍峯寺（国清寺）から京都・妙心寺の塔頭、護国院に改葬された。ところが寛文四年（一六六四）護国院が火災で焼失したため、当時、池田家当主で岡山藩主となっていた光政が、祖父・輝政、父・利隆の遺骨とともに、あらためて現在の備前市吉永町の深い山中に池田家墓所を造営し、儒教式という珍しい形式で再改葬している。いま国史跡「和意谷《わいだに》敦土山《あづちやま》池田家墓所」と称され、輝政は、光政を含む後の岡山藩主らとともに静かにそこで眠っている。

池田輝政の墓（一のお山）＝備前市吉永町和意谷敦土山

なお、姫路にはこれまでに二基の「五輪塔」が知られているが、その経緯については、市之郷の廟所や、和意谷池田家墓所の成立、新五輪塔の存在、一族のその後の動向なども併せ、エピローグに詳述したい。

エピローグ

# 輝政のレガシーに正当な評価を

## 「藩祖」としての居場所なく

慶長十八年（一六一三）、鮮烈な足跡を刻んで、池田輝政は五十年の生涯を終えた。姫路の遺領は、嫡男の利隆が受け継いだが、次の光政は因幡・鳥取へ転封となり、池田家は播磨・姫路を手放す。だが、この鳥取と、従前からの岡山に領地を有して存続。後述するように、両池田家は領地の入れ替えなど、複雑な経緯をたどりつつ西国将軍の残照を受け継ぎ、有力兄弟藩として両立していく。

こうした経緯から岡山、鳥取両藩は、入れ替えの後、すなわち光政が鳥取から岡山に、その従兄弟に当たる光仲が岡山から鳥取に入封した寛永九年（一六三二）をもって始まりとする。従って両藩の「藩祖」は岡山が光政、鳥取が光仲となり、それぞれの歴史はこの二人から説き起こされる。そこに輝政が入り込む余地は次第に狭くなる一方、江戸期の名家に見られる祖先の積極的な偶像化もされず、輝政は池田家における〝歴史的居場所〟を無くしていった。とりわけ播磨ではその存在感や顕彰気運が薄れていったのである。

ただ、前節に述べたように、輝政供養の五輪塔は姫路にこれまで二基、すなわち平野町（旧坂田町）の正法寺境内と、増位山随願寺山中にあることが知られている。さらに高野山の織田信長墓所近くに残されているほか、随願寺山中に墓所と、もう一基の供養塔の存在が最近明らかになっている。最後に、子孫の動向と共に、これらの希少、貴重な遺跡について検証してみたい。

## 高野山の墓碑は督姫が建立

まず、高野山の五輪塔。

近年、姫路国清寺跡に建つ不動院の佐伯慈海住職が確認したもので、最下部の地輪中央部には「国清院殿正三品参議泰叟玄高大居士」とある。法名と、正三品（正三位。明治になって二位）という位階が正式にフル表記されている。

地輪左側には「為羽柴三左ヱ門御内方建立」――三左衛門（輝政）のために内室（督姫―良正院）が建てたと刻んでいる。秀吉から羽柴姓を受けたことを強調しつつ、正室の督姫が夫の霊を慰めるために建立したことが分かる。輝政の没年は慶長十八年（一六一三）。二年後に督姫も亡くなるが、五輪塔はその間に建てられたのだろう。

この二年間は、督姫にとっては波乱の時代であった。輝政の死後、姫路を誰に継承させるかは幕府の大問題であったが、前妻糸姫との間に生まれた利隆が継ぐこととなった。実子忠継でなかったため督姫の内心は計り知れないが、厳しい〝播磨仕置〟を受け入れた。さらに父家康が豊臣滅亡を謀り大坂冬、夏の陣を起こす。利隆と共に幼少の忠継も出陣、戦に命をさらした。高野山の墓碑は、こうした中で督姫が万感の思いを込めて建てたものである。信長の側に建てたのは、織田家と池田家の縁、すなわち輝政の祖父恒利が信長の重臣であり、その正室養徳院が信長の乳母を務め、輝政の父恒興と信長が乳兄弟となったこと、さらに督姫自身にとっても牛家の徳川家と織田家の強い絆を思ってのことだったのだろう。

## 姫路には三つの供養塔

次に、姫路に残る供養塔を見てみたい。

これまでに知られている正法寺と随願寺に現存する五輪塔について最初に記録したのは橋本政次である。著書『姫路城史』におおむね次のように記している。

「正法寺の五輪塔には法名が刻まれ、位牌もあることから、火葬後に山野井国清寺に建てられたもので、京都・護国院には遺骨のみを改葬し、五輪塔と位牌は正法寺に移したのではないか。随願寺のは、輝政の俗名を刻んでいることから市之郷村火葬場跡の墓所のもので、明治維新後移されたと思われる……」

――つまり、正法寺の五輪塔は、もともと山野井国清寺（現不動院）にあり、池田家の鳥取転封に伴い遺骨が京都に改葬された際、位牌とともに正法寺に移され、一方、随願寺の五輪塔は、俗名が刻まれていることから、市之郷の墓所に建てられた一般的な供養塔で明治の開発で墓地が整理され、随願寺山中に持っていかれた――橋本はそう推測しているが、事実は少し違うのではないか――。

## 正法寺五輪塔＝市之郷から移転か

あらためて、正法寺の五輪塔を検証してみよう。

この五輪塔は、山門を入ってすぐの境内に建っている。地輪正面中央には「泰叟玄高居士」、左右に「慶長十八年癸丑歳正月二十四日」と刻まれている。ちなみに同寺に残されている位牌の表には「國清院殿正三品参議泰叟玄高大居士」などとある。確かに位牌の表記は高野山の碑と同じく、法名がフル表記されてはいる。しかし、台石の法名

正法寺の輝政五輪塔

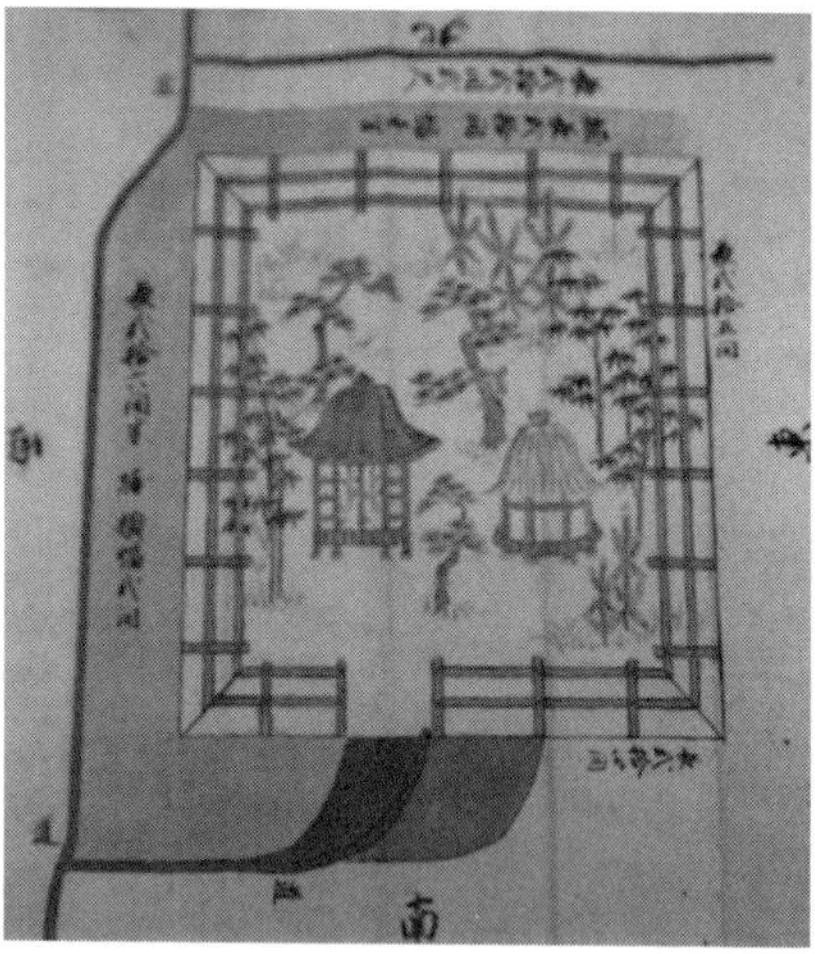

輝政供養の「羽林塚」絵図（天川圭一氏提供）

は「国清院殿」「正三品」という重要部分が略されている。火葬後に、国清寺に建てられたものとしては粗末だといわざるをえない。恐らく別物だろう。

これに関して、正法寺に寺伝が残っている。

山本真理住職の話。

「旧国鉄が姫路駅貨物ヤードを、当時市之郷にあった墓地〝阿保三昧〟一帯に建設することとなり、墓地整理のため立ち退きを迫られた墓が、近くの正法寺に改葬されたと、先代から聞いている。この五輪塔も一緒に移されてきたもので、市之郷にあった輝政公墓所のものと考えています」

輝政は中市之郷で火葬された後、遺骨は龍峯寺—後の山野井国清寺に葬られたが、荼毘の地は「播州名所巡覧図絵」に「羽林塚」と記されている。この墓所については前節で紹介したが、相当規模のもので、当時作成された複数の絵図も残っている。その供養の五輪塔が、近代化の波をくぐり、近くの正法寺に移され、生き残ったと考えるほうが合理的である。

### 随願寺五輪塔＝関係有志の建立か

一方、随願寺の五輪塔はどうか。

地輪中央に「池田輝政之墓」、左右に「慶長十八年癸丑歳正月二十四日」とある。法名でなく、俗名を一見ぶっきらぼうに刻んでいる。正式な墓碑ではないが、かといって市之郷のものという橋本説は少し短絡的すぎるし、それに、塔は比較的新しい。同寺には関係資料や寺伝なども残っていないが、加藤哲崇住職は「何らかの機に輝政供養を思い立った関係有志が建てたのだろう。幕末のものと思う」と推測している。恐らくそうだろう。

なお火葬後、輝政が山野井国清寺に葬られた際、墓石も建てられ、後に遺骨とともに京都の護国院に改葬されたようだ。護国院から新造の岡山池田家墓所に移す際に「御石塔」「卵塔」を移そうとしたことが『池田家履歴略記』に記されていることからそう考えられる。「御石塔」は輝政、「卵塔」は利隆の墓碑とみられ、共に護国院に移されていたのだろう。ただ後の明和年間（一七六四―一七七二）に鳥取藩士が編纂した「当家系図伝」によると、墓石は海路岡山に積み出されたが「海に沈むと云う」とあり、誤って海中に没してしまったと記録されている。

### 手水鉢と新たな五輪塔＝随願寺にも墓所

この随願寺境内で近年、輝政との関連を示す手水鉢と五輪塔が見つかっている。加藤住職らが確認したもので、前述の輝政五輪塔から少し南東寄り山斜面に、がけの崩れたような一角があり、そこで「国清院殿」「御廟所前」と刻まれた手水鉢が見つかった。近くに銘は不明だが五輪塔を形成する台（地）輪のほか、空、風、火輪も散乱していた。

現在、手水鉢と五輪塔は現場で復元、整備されているが、法名と御廟所前という手水鉢の銘から、この五輪塔は輝政供養のものと推測される。また、周囲は、土塁で広範囲に整地されたようになっており、墓所が類推される。

随願寺は、歴代姫路城主と深い関係もあるが、どんな経緯でそこにあるのか。同寺の既存の五輪塔や正法寺の五輪塔、山野井国清寺の墓所、市之郷墓所などとどうかかわっているのか。不明な点は多いが、少なくとも、移転されたものではなく単独で新造され、同寺でこれまで知られていない輝政供養が行われていたことがうかがい知れる。

増位山で新たに見つかった手水鉢（手前）と五輪塔（随願寺提供）

## 岡山、鳥取で輝政継承――子孫たちのその後

最後に、輝政の子孫について、身近な六人にしぼり概観してみたい。

［池田利隆］＝岡山、洲本で執政

輝政の嫡男。天正十二年（一五八四）岐阜城生まれ。母は輝政先妻の糸姫（糸子）。関ヶ原の前哨戦、岐阜城攻めで功績。父輝政とともに姫路へ。のち、後室督姫の実子・忠継、忠雄が幼少で備前、淡路を領した際、岡山、洲本で執政を務める。慶長十八年、輝政が亡くなると、後継を巡り江戸の将軍・徳川秀忠と、駿府の大御所・家康が、いわゆる「播磨仕置」を行った。一カ月にも及んだ協議で、結局は利隆に落ち着いたが、駿府と江戸で意見の隔たりがあったことがうかがえる。播磨五十二万石のうち十万石は、岡山に移った輝政未亡人の良正院（督姫）に与えられたため、利隆の石高は四十二万石。

一年後、大坂冬の陣が勃発、利隆も出陣。大坂城に肉薄するも、忠継との連携など作戦不備を問われ〝二心〟を疑われる。家臣の命がけの弁明でかろうじて濡れ衣を晴らした。夏の陣でも武功を挙げたが、翌元和二年（一六一六）、江戸で体調を崩した。帰国途次、京都の妹婿の館で急逝。三十三歳。姫路城主としての在位わずか四年。法治に意を用い、姫路南東部での塩田開発など産業育成にも功があった。

池田光政（部分、林原美術館蔵）画像提供：林原美術館 /DNPartcom

［池田光政］＝江戸三名君の一人

利隆の嫡男。慶長十四年（一六〇九）岡山城で生誕。母は徳川四天王の一人榊原康政の娘（秀忠養女）鶴姫。当初、幸隆《よしたか》のち、三代将軍家光の諱を与えられ光政に。元和二年（一六一六）六月、父利隆が急逝、八歳で姫路城主を継いだが翌三年三月、幼少を理由に鳥取へ転封。姫路より十万石減じられて因幡、伯耆三十二万石。千姫の長女勝姫と婚姻。寛永九年（一六三二）岡山城主池田忠雄死去にともないその幼少の嫡男光仲と入れ替わりに岡山へ移封。備前、備中三十一万五千石。岡山在位中、閑谷学校の開設など、学問を貴び善政を敷いた。保科正之、徳川光圀とともに「江戸三名君」とも。菩提寺の京都・妙心寺塔頭護国院が焼失した後、祖父輝政、父利隆らの遺骨を備前・脇谷に移し、輝政の「一のお山」を頂点とした広大な和意谷《わいだに》敦土山《あづちやま》池田家墓所を造営した。儒教式という独特の設計による墓地で儒学に通じた光政ならではの遺産である。天和二年（一六八二）七十四歳の長寿を全うした。岡山池田藩初代藩主。

［池田忠継］＝早世、毒饅頭説も生む

輝政の二男。慶長四年（一五九九）伏見の生まれ。母は家康の二女督姫。家康の孫ということもあり、慶長八年、五歳で備前三十八万石の太守に。異母兄の利隆が執政。輝政が亡くなった二年後の慶長二十年（一六一五）二月に母督姫も死去。その同じ二月に忠継も十七歳で早世、さらに翌年六月には利隆までもが急逝する。

「摂戦実録」という軍記物には、この一連の死について毒饅頭《まんじゅう》説が語られている。督姫が、前妻糸姫の子で姫路城主に収まった利隆を妬み毒饅頭を食べさせたという。これに気付いた忠継が正義感から、盛られた毒饅頭を自ら口に。事を未然に防ごうとしたのだが、それを見て慌てた督姫が、自ら贖罪も込めてか、その饅頭を一気に食べた。そして順次毒が回り次々亡くなったという。江戸期に流布した〝事件〟である。

［池田忠雄］＝大坂城の巨石調達

輝政の三男。慶長七年（一六〇二）姫路城生まれ。母は督姫。家康の孫。慶長十五年、九歳で淡路六万石の大名に。利隆が執政。慶長二十年（元和元年）、早世した兄忠継に代わり三十一万五千石で岡山藩主。正室は蜂須賀至鎮《よししげ》の娘三保姫。徳川大坂城の天下普請では、蛸石など現在の城内一、二、三位にあたる巨石を調達し貢献した。荒木又右衛門の「伊賀の仇討」で知られる事件の発端は、忠雄の寵臣渡辺数馬が惨殺されたことに発する。のち仇を匿った旗本と対立し、気骨のあるところを見せたが、寛永九年（一六三二）三十一歳で死去。

池田光仲（鳥取県立博物館蔵）

［池田光仲］＝鳥取を親藩並みに

池田忠雄の嫡男。寛永七年（一六三〇）江戸の岡山池田藩邸生まれ。母は蜂須賀至鎮の娘三保姫。三歳の時、父忠雄が急逝。従兄弟の光政と所領が入れ替えられ、鳥取転封。のち紀州徳川家から頼宣の娘・茶々姫を正室に迎え、徳川家との縁を強化、家老政治を改め藩主親政を実現。江戸期を通じ、鳥取池田藩を親藩並みに格上げした。元禄六年（一六九三）六十四歳で死去。鳥取池田藩の初代藩主。

［池田長吉］＝輝政を支え続けて

輝政の実弟。父は恒興、母は善応院（荒尾氏）。元亀元年（一五七〇）犬山城生まれ。軍事面から輝政を支えた。関ヶ原の前哨戦・岐阜城攻めの木曽川渡河作戦で敵織田秀信軍防衛線を突破、勝機の扉を開いた。その功で慶長五年、輝政の姫路入りと同時に、鳥取六万石を拝領。西国防衛ゾーンの一角を担う。慶長十九年、死去。四十四歳。後を嫡男長幸が継ぐが、元和三年、池田宗家の光政が姫路から移封、それを受けて長幸は同年、備中松山城へ。これにより備前、備中、因幡、伯耆という中国地方の入口一帯を、西国将軍・輝政の血を受けた池田一族が完全に抑えることとなった。輝政の本望が何倍にもなって叶ったことになる。

## 官兵衛以上の評価こそ

織田信長に見出された輝政は、豊臣秀吉から羽柴の姓を授けられ、徳川家康とは娘婿の関係を築き厚い信頼を得た。「幕府の守護神」として姫路に配され〝純白の城主〟として重きをなした。戦国武将としては最高の出世を遂げ、のちに、わが国初の世界文化遺産となる姫路城を築き、国際水準のレガシーを残した。

しかし、輝政の子孫たちが受け継いだ岡山、鳥取では、現在でも、池田光政、池田光仲をそれぞれの「藩祖」とし、一貫して高い評価がなされる一方で、祖父輝政については、尊敬はされるものの、前述のように藩として特段の評価も位置づけもされていない。

これと似た状況は、例えば、筑前・黒田藩にもみられる。筑前藩の初代藩主は黒田長政で藩祖とされるが、その父で姫路城主も務めた官兵衛は、輝政と同じく、子孫が置かれた藩とは直接的なかかわりがなかったため、筑前藩内では〝無役〟であった。しかし黒田藩では、官兵衛に対する積極的な偶像化を図り、稀有な才能、キャラクターについて広範囲な情報発信に成功した。エピソードも豊富であったため、歴史の主人公としてのイメージが大きく膨らんだのである。

秀吉に天下を取らせたという官兵衛。家康の天下を確固たるものにした輝政。どちらの歴史的役割が大きいか、優劣はつけがたい。むしろ歴史的、政治的には明らかに輝政に軍配が上がると思われるが、官兵衛に比べると輝政の存在感はいかにも小さく寂しい。官兵衛並み、あるいはそれ以上の評価が輝政にはふさわしい。白亜の姫路城下で、その骨太の生涯を概観してみると、より一層そんな思いを強くする。

■池田家略系図

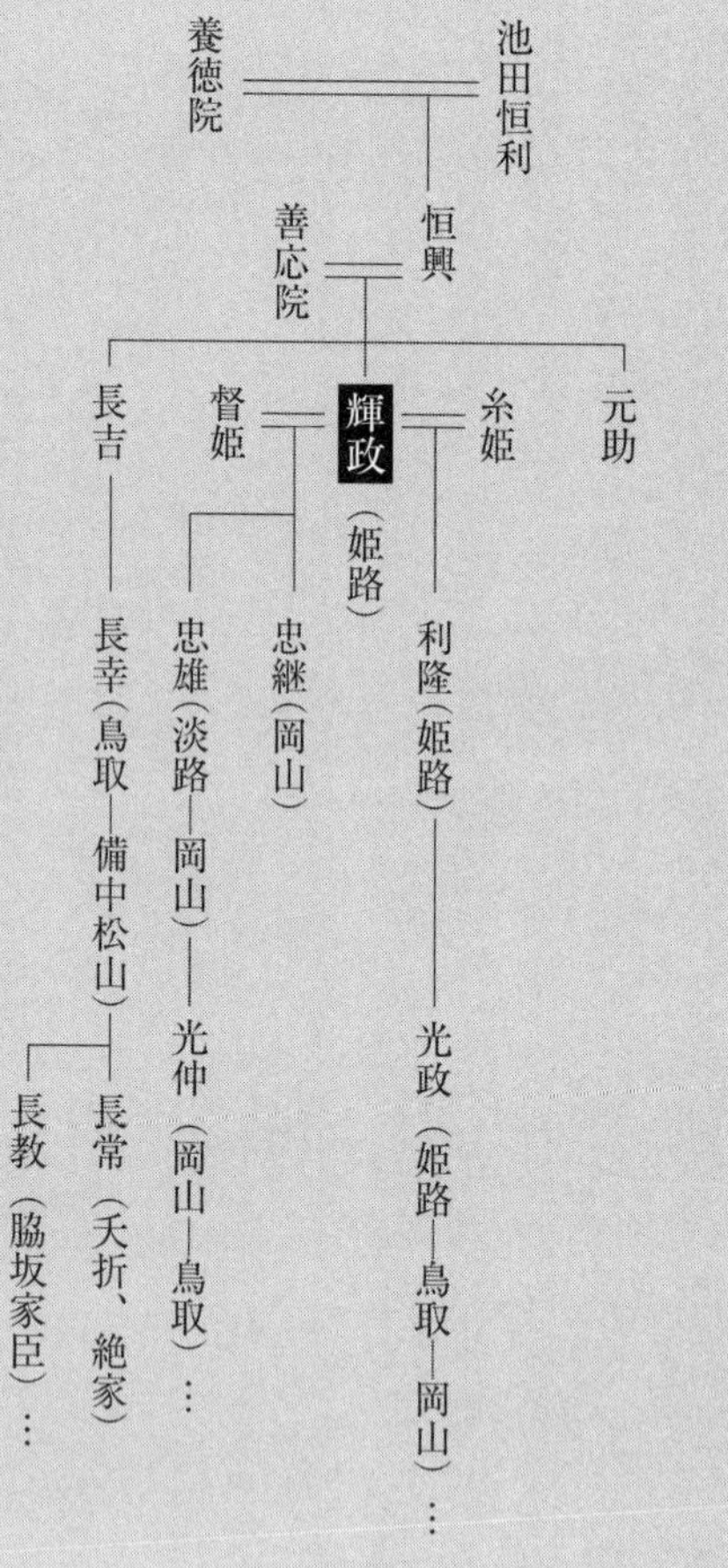

## ●池田輝政 主要参考文献


【プロローグ】
姫路市『姫路市史第三巻』『姫路市史一四巻姫路城』(各章)
橋本政次『姫路城史』上・中・下(名著出版一九七三、各章)
日本色彩研究所『日本の伝統色―色の小辞典』(読売新聞社一九九三)
姫路市教育委員会『世界遺産姫路城公式ガイドブック』(播磨学研究所編二〇一八、各章)
中元孝迪『姫路城一〇〇ものがたり』(神戸新聞総合出版センター二〇一三)
『国宝姫路城』(姫路市一九三八、各章)
播磨学特別講座講義録『播磨の国宝』(播磨学研究所編二〇一八)
播磨学特別講座講義録『姫路城の真実』(播磨学研究所編二〇一九)

【第一章】
伊藤康晴『池田輝政と一門の隆盛』(バンカル九三号二〇一四)
鳥取市立歴史博物館「やまびこ館」開館一周年記念特別展『大名池田家のひろがり』(二〇〇一、各章)
『信長公記』(各章)

『徳川実記』（各章）
斎藤一興『池田家履歴略記』（各章）
神谷道一『新撰美濃志』（一九〇〇）
愛知県上野町『上野町史』（一九四九）
『寛政重修諸家譜』（一七九〇―一八一二、各章）
『池田氏系図』（鳥取市歴史博物館蔵、一六四二、各章）
岐阜県池田町教育委員会『龍徳寺文書調査報告書』（二〇〇四―〇七）
『摂津花熊之城図』（岡山大学附属図書館蔵、年代不詳、江戸時代）
伊東実臣ら『美濃明細記』『美濃雑事記』（一七三八、一信社出版部一九三二、各章）

【第二章】

愛知県長久手町史編さん委員会『長久手町史』（一九八一―九七）
羽柴秀吉書状「大おち」（岡山市林原美術館蔵一五八四）
『小牧長久手合戦図屛風』（大阪城天守閣蔵）
松田毅一・川崎桃太訳『フロイス日本史』（中央公論社一九八一）
岐阜県『岐阜県史近世上』（一九六八）
岐阜市『岐阜市史』（一九七六―八一）

愛知県小牧市教育委員会『小牧城』（一九九八）
黒田基樹『小田原合戦と北条氏』（吉川弘文館二〇一二）
豊橋市『豊橋市史』（一九七三―九一）
豊橋市教育委員会『吉田城シンポジウム報告』（二〇〇六）
『三州吉田船町史稿』（一六八九）

【第三章】

『武将感状記』
栃木県小山市『小山評定武将列伝』（二〇一三）
藤井治左衛門『関ヶ原合戦』（岐阜県関ヶ原町一九六三）
関ヶ原合戦図絵巻「清州城中岐阜責評定」（小野市立好古館蔵）
岐阜県大垣市『大垣市史』（二〇〇三―一三）
岐阜県大垣市文化財保護協会『大垣城の歴史』
笠松を語り継ぐ会『米野の戦い』（岐阜新聞社二〇一二）
『細川忠興軍功記』

【第四章】
『播磨学紀要23号』（播磨学研究所二〇一九）
平野庸脩『播磨鑑』（一七六二）
竹中重門『豊鑑』（一六三一、五章も）
『福本勇次　村翁夜話集』（村翁夜話集刊行会二〇一五、五章も）
『高砂市史第二巻』（二〇一〇）
加藤得二『姫路城の建築と構造』（名著出版一九八一）
大類伸『城郭之研究』（日本學術普及会一九一五）
藤岡通夫『城と城下町』（東京創元社一九五二）
中元孝迪『姫路城連立天守試論』（『播磨学紀要20・21合併号』二〇一八）
播磨学特別講座講義録『家康と播磨の大名』（播磨学研究所編二〇一五）
播磨学特別講座講義録『播磨の国宝』（播磨学研究所編二〇一八）
播磨学特別講座講義録『姫路城の真実』（播磨学研究所編二〇一九）
【エピローグ】
『諸国百物語』（一六七七）
松浦静山『甲子夜話』（一八〇一）

浄土寺歓喜院文書（『天狗の手紙』）
円満寺文書（『天狗の手紙』『姫路御城魔障殃怪之御祈祷之来由』）
天川友親『播陽萬寶智恵袋』（臨川書店一九八八）
鍋本由徳『慶長期における駿府政権の対大名意識』（『戦国史研究四二号』）
近藤富蔵『八丈実記』（一八四八―五六）
岡谷繁実『名将言行録』（岩波文庫一九八八）
『芥田家文書』
『播州名所巡覧図絵』
岡山県高等学校教育研究会『新版岡山県の歴史散歩』（山川出版社一九九一）
播磨学特別講座講義録『池田家三代の遺産』（播磨学研究所編二〇〇九）

# 池田輝政略年譜

※名前表記は「輝政」で統一しました

| 和暦 | 西暦 | 事項 |
|---|---|---|
| 永禄七 | 一五六四 | 十二月晦日、父池田恒興、母善応院の二男として尾張・清須城に生まれる。幼名古新 |
| 天正六 | 一五七八 | 十一月〜十二月、織田信長に反した荒木村重勢と伊丹・鴻池で合戦、父恒興、兄元助とともに十五歳の輝政も合戦に加わる |
| 天正八 | 一五八〇 | 三月、摂津・花隈（熊）城に立て籠もった村重の一族荒木志摩守を、父恒興、兄元助とともに攻めて落城させ、初陣を飾る<br>名を古新から照政に改め（姫路以降、輝政）、尼崎城（大物城か）を守ることになる |
| 天正十 | 一五八二 | 六月、本能寺の変<br>父恒興は秀吉に与する決断、輝政、羽柴秀吉の養子となる<br>十月、京都・大徳寺での信長の葬儀で、秀吉の養子秀勝（信長四男）とともに棺の轅をひく |
| 天正十一 | 一五八三 | 秀吉、賤ヶ岳で柴田勝家を破り、政権掌握<br>輝政、大垣の北方・池尻城を与えられる（父恒興が大垣城、兄元助岐阜城入り） |
| 天正十二 | 一五八四 | 四月、小牧・長久手合戦で父恒興と兄元助が討ち死に、秀吉により輝政の家督相続が認められる<br>七月、兄元助のいた岐阜に転封（十万石）。城の大改造に着手、天守閣を建てる |

| | | |
|---|---|---|
| | | 九月、糸姫とのあいだに長男利隆が岐阜城で誕生。糸姫は出産後、実家の中川家へ戻り、そのまま同家の転封先、豊後・岡城へ移って、その後正式離縁となった |
| 天正十三 | 一五八五 | 三月、反秀吉の紀州根来衆、雑賀衆討伐に軍功を上げる<br>八月、佐々成正征討に近江へ出陣 |
| 天正十五 | 一五八七 | 秀吉の九州征討に参戦、日向に軍を進める。九州征討後、池田姓から羽柴姓に改める |
| 天正十六 | 一五八八 | 従四位下侍従に叙任 |
| 天正十八 | 一五九〇 | 三月、小田原合戦が始まり、秀吉の主力部隊として小田原に向け出陣<br>七月、小田原合戦の論功行賞で三河吉田（十五万二千石）へ転封。吉田城改築 |
| 文禄元 | 一五九二 | 文禄の役 |
| 文禄三 | 一五九四 | 八月、秀吉の命で、徳川家康の二女督姫を娶る |
| 慶長二 | 一五九七 | 慶長の役 |
| 慶長三 | 一五九八 | 豊臣秀吉死去、朝鮮出兵終結 |
| 慶長四 | 一五九九 | 輝政ら「七将」と石田三成との対立が激化、家康陣営へ<br>督姫とのあいだに二男忠継誕生（督姫との初めての子） |
| 慶長五 | 一六〇〇 | 六月、会津・上杉征討に向かう家康軍の後に続き、三河吉田城から会津へ出陣<br>七月、石田三成挙兵、家康は福島正則と輝政を軸とした先鋒隊を西へと転進させる<br>八月、福島・池田軍、西軍の最前線・岐阜城を攻略<br>九月、関ヶ原合戦で東軍勝利、輝政は東軍の殿を務める |

| | | |
|---|---|---|
| 慶長六 | 一六〇一 | 十月、関ヶ原合戦の論功行賞で姫路（五十二万石）に入封。羽柴から池田姓に戻り、輝政に改名<br>諸寺社に安堵状<br>輝政の実弟・長吉、因幡・鳥取六万石を拝領<br>検地、二割打ち出し<br>新しい姫路城の築城に取り掛かる<br>城下の新町割に着手。八十八町（池田家履歴略記）を開く<br>十九箇条の掟発布<br>三木、赤穂、龍野、平福（利神城）、明石（船上城）に支城を構える |
| 慶長七 | 一六〇二 | 督姫とのあいだに三男忠雄誕生 |
| 慶長八 | 一六〇三 | 二月、家康に征夷大将軍の宣下<br>五歳の忠継が家康から備前二十八万石を与えられる |
| 慶長十 | 一六〇五 | 四月、家康が将軍職を秀忠に譲る<br>高砂に支城を築く |
| 慶長十一 | 一六〇六 | 筑前黒田藩から追放された後藤又兵衛を召し抱えたという |
| 慶長十二 | 一六〇七 | 江戸城大天守完成（輝政、築城工事に従事） |
| 慶長十四 | 一六〇九 | 姫路城大天守完成<br>十二月、輝政夫妻への呪詛の企てが書かれた「天狗の手紙」が城内に落ちていたという<br>このころ、輝政と東本願寺教如上人とのあいだに確執が生じ、亀山本徳寺など播磨のすべての寺院を「西派」に替える |

| | | |
|---|---|---|
| 慶長十五 | 一六一〇 | 忠継の実弟で九歳の忠雄に淡路六万石が与えられ、池田一族は播磨（五十二万石、二割打ち出しで実質六十二万石）・備前（二十八万石）・淡路（六万石）・因幡（六万石）の百二万石の大大名となる<br>名古屋城築城開始、輝政、工事に従う |
| 慶長十六 | 一六一一 | 輝政の祖母養徳院建立の京都・天龍寺の塔頭「陽春院」をめぐり、天龍寺と対立<br>十二月、発病（「中風」とされる） |
| 慶長十七 | 一六一二 | 二月、城中で明覚上人による輝政の病気平癒の祈祷が行われる。明覚は「手紙の言うように八天塔の建立」を進言、塔が建てられると輝政の病状は一時的に快方に向かったという |
| 慶長十八 | 一六一三 | 一月二十五日、持病の中風が再発、死去。享年五十。法名は国清院殿泰叟玄高大居士。飾東郡中市之郷で荼毘に付され、遺骨は城下山野井男山の龍峯寺に埋葬後、京都妙心寺の塔頭護国院に移されたとされ、寛文四年（一六六四）護国院が火災で焼失後は和意谷敦土山池田家墓所に再改葬された<br>現存する墓所・供養塔は<br>〔姫路〕平野町（旧坂田町）の正法寺境内五輪塔／増位山随願寺山中五輪塔／増位山随願寺の手水鉢と新たな五輪塔<br>〔和歌山県〕高野山の五輪塔（織田信長墓所近く）<br>〔岡山県〕和意谷敦土山池田家墓所（備前市吉永町） |

## 「一丁目一番地」のヒト―あとがきに代えて

「軍師　官兵衛」が、NHKの大河ドラマになったのは、二〇一四年のことだった。良質な番組で、ドラマ放映中は広く官兵衛ブームが起こり地域観光に強い追い風になったことを覚えている。私も誘致運動の一角にいた手前、なんとなく安堵したのだが、どうもしっくりこないものがあった。理由は二つある。一つは、大河ドラマで地域活性化を図ろうという思いは全国どの地域にもあり、多くの市民が望んでいたことでもあったのだが、多額の資金をつぎ込む割には、ブームが一過性に終わってしまうという危惧がくすぶり続けていたこと。もう一つは、地域の観光政策としてゆかりの人物を取り上げるとき、そのシンボル、いわゆる「一丁目一番地」のポジションにいるのは、果たして黒田官兵衛なのだろうか、といつも自問自答していたことである。

確かに官兵衛は面白い。虚実織り交ぜたエピソードが〝ゴマン〟とある。何人もの作家があれこれと評価しながら多くの小説に仕立てあげている。歴史上のというより、小説の主人公として、確固たる地位を固めているので、すぐに地域のシンボルになり得たのである。にもかかわらず、いつも「斜に構えて」考えてしまう昔ながらの私の悪い癖が出て、引っかかるものがあった。「一丁目一番地にいるのは果たして官兵衛か」という、その自問の先にあったのが、池田輝政だった。姫路城を築いた、いわば城と城下町の創業者である。

いうまでもないことだが、姫路城は、一九九三年、法隆寺と共に日本で初めて世界文化遺産に登録された。日本を象徴する文化財はいくつもあるが、世界遺産第一号となったことによって、姫路城はその代表格として華麗な存在が再認識され、一気に文化的価値を高めることになった。しかし、法隆寺といえば聖徳太子だが、姫路城というと、一般的には誰を連想するだろうか。世界文化遺産登録から三十年近くたっても、池田輝政を想起する人は地元といえども、全く増えない。江戸時代に至っては、姫路を通過する文人ですら城影を仰いで「秀吉の城」などと言っている。今も「さもありなん」なのだろうか。

実は、歴史的に見て姫路城がいつできたのかはっきりしていない。通説では、一三四六年に赤松円心が二男の貞範に築城を命じたのが始まりで、以後、赤松系の城主が続いたとされる。この通説には伝承的な部分があるのに対し、近年、研究者の間で資料的裏付けを持った新説が提起された。これによると、姫路城（館）の始まりは、地元に残る二つの土地売券から、一五五五―六一年の間、つまり黒田氏が統治した時代となる。具体的には、黒田官兵衛の祖父・重隆の築城をもって始まりとしている。しかし、この新説も、資料の読み方次第で疑問も生じている。両者ともに決定的な根拠に欠け、起源論争がなお続いているのである。

いずれにしても、少なくとも黒田時代の居館は確実にあったわけで、天正八年（一五八〇）に、当主の官兵衛が、中国の毛利氏討伐のため播磨に入った羽柴（豊臣）秀吉に、自らの姫路の居館を無償提供していることも判明している。これを受けて秀吉は、その館を取り払い、中国攻めの拠点として三重の天守を持った新たな姫路城を築いた。そして、その後に輝政が現在の城郭を立ち上げたのだが、前の秀吉の城というイメージが、その突出した知名度のために江戸期になってなお続いてしまうのである。さらに本文でも検証したように、池田家における輝政の歴史的存在感が、ややもすると薄くなってしまう。輝政に関する情報発信も弱くなり、姫路城と輝政をつなぐ糸が途切れていくのである。

考えてみると、これまで輝政についての歴史的評価が適切でなかったのではないか。確かに輝政は、官兵衛などと比べると歴史的エピソードの少ない人物である。史料もあまり残っていない。小説の主人公になったことなど一度もないに等しい。作家は誰も本気で取り上げないのだ。だから、輝政の情報は、ほとんど一般市民に流通していないし、姫路城築城という、いわば国際級の文化貢献を果たしている割には、さほどの評価も得ていない。要するに、影が薄かった。もっと知られて然るべきではないだろうか。輝政とは一体どんな人物なのか、一度、プロフィールを整理してみたい――と、こんな思いから、地域季刊誌「バンカル」で、播磨史新評伝として連載を始めた。真っ白い城の城主で、徳川政権を守護する西国将軍という意味を込めて「白皙の守護神　池田輝政」というタイトルを付けた。二〇一五年夏から、輝政の広範囲にわたる足跡をたどりながら、二十回の連載を終えた。本書は、これに加筆し、修正を加えて一冊にまとめたものである。

こうして、輝政の生涯を一瞥してみると、その歴史的足跡が、いかに濃いものであったか、とあらためて思う。姫路城という、日本が世界にアピールするモニュメントを創造したことはもちろんだが、戦国時代の終息期において、大きな歴史的潮流の方向を決定付けた立役者の一人、というより主人公であると、少しひいき目ではあるが、そう評価したい。戦乱・殺戮の戦国期から、偃武・不戦・泰平の江戸時代へ、時代の流れを大きく転換させるとともに、江戸幕府の永続性を方向づけた業績には見るべきものがあろう。戦国期の個性豊かな武将たちのなかでも、歴史上「一丁目一番地」のポジションにいる人物として輝政は位置づけられていい。連載にあたっては、歴史の本筋から外れた表現も多用したが、初めての評伝として、西国将軍・池田輝政という人物のスケールの大きさを確認していただき、その歴史的再評価につながってくれれば、幸いである。

出版に当たって、「バンカル」編集室の皆さん、「のじぎく文庫」の担当者の方々、何より、取材に当たり資料、参考文献を快く使用、拝見させていただいた地元姫路をはじめ池田、東海、清須、大垣、長久手、犬山、小牧、岐阜、豊橋、小山の各市、岐阜県池田町、同関ヶ原町など、各市町の専門家の先生方、原稿整理に当たっていただいた山本桂さんら、ご協力、ご教示をいただいた多くの関係者に、あらためてお礼を申し上げたい。

二〇二一年三月

中元 孝迪

中元 孝迪　なかもと たかみち
1940年姫路市生まれ。姫路西高校、東京教育大学文学部史学科日本史学専攻卒。神戸新聞論説委員長、同常任監査役、播磨学研究所長等を経て、現在、兵庫県立大学特任教授、公益財団法人姫路市文化国際交流財団理事長。日本記者クラブ、日本ペンクラブ会員。阪神・淡路大震災報道で石橋湛山早稲田ジャーナリズム大賞（共同受賞）、井植文化賞などを受賞。
著作／『姫路城100ものがたり』（神戸新聞総合出版センター、2013）、『日本史を変えた播磨の力』（同、2009）、『姫路城 永遠の天守閣』（同、2001）、『姫路城の「真実」』（同、2019、共著）、『ひょうご全史－ふるさと7万年の旅』（上下巻、共著、同、2005～6）、『日本災害史』（共著、吉川弘文館、2006）ほか多数。

西国将軍《さいごくしょうぐん》　池田輝政《いけだてるまさ》
—姫路城《ひめじじょう》への軌跡《きせき》—

---

2021年4月20日　初版第1刷発行

著　者——中元孝迪
発行者——金元昌弘
発行所——神戸新聞総合出版センター
〒650-0044　神戸市中央区東川崎町1-5-7
TEL 078-362-7140 ／ FAX 078-361-7552
https://kobe-yomitai.jp/
編集／のじぎく文庫
装丁／神原宏一
印刷／神戸新聞総合印刷

---

落丁・乱丁本はお取り替えいたします

ISBN978-4-343-01115-2 C0021